憲法と政治

青井未帆
Miho Aoi

岩波新書
1606

目次

第一章　私たちは何を目撃したのだろう

「改憲機運」の醸成

二〇一五年九月、戦後の安保・外交政策の転換が決定的となった。各地に広がった市民による反対の声を聞くこともなく、いったん立ち止まることもなく、政治が数を頼みに強行したのである。後に見るように、その内容は、日本国憲法のもとでは、到底、理屈をつけて説明することができない。

集団的自衛権行使を容認する違憲の閣議決定(二〇一四年七月一日)の上に、違憲の安保関連法が成立させられ(二〇一五年九月一九日、一六年三月二九日施行)、日本の立憲主義は大きく傷つき、憲法の「規範としての力」が削がれた。成立直後の秋、野党からの憲法五三条に基づく臨時国会の召集の要求にも内閣は応じなかった。そしていま、「改憲機運」が醸成されつつある。

二〇一六年の年が明けてから、憲法改正に政権が触れてくることが急激に増えた。一月四日には、恒例の年頭記者会見で安倍晋三首相は、憲法改正についてこれまでと同様、参院選でしつかり訴えていくと述べ、一〇日放送のＮＨＫ討論番組では、「未来に向かって責任感の強い人たち」と三分の二（発議に必要な両院での賛成票数）を形成することを語っている。自民、公明両党のほか、おおさか維新の会などを改憲勢力として考えていることが公に示されたものと言える。

たとえば、一月二一日の参議院決算委員会で安倍首相は次のように述べている。

「現在の憲法が成立をしたのは、旧憲法の下で成立をしているわけでありますから、当然国民投票には付されていないわけであります。国民の皆さんが考えて、これは変える変えないは別でありますが、変えるかどうか考えて自ら一票を投ずる、これは初めての経験をする、憲法を真剣に考える機会になろうと思います」。「いよいよもう、どの条項についてこれは改正すべきかという、そういう新たな段階に、憲法改正議論も現実的な段階に移ってきたと、こう思っております。この段階においては、国会や国民的な議論の深まりが必要であり、その中で、おのずとどこをどう変えていくべきか、あるいは変えていかない方がいいという議論が深まっていくものと考えております」。「引き続き、新しい時代にふさわしい憲法の在り方について国民的な議論と理解が深まるよう努めてまいりたいと思っております」。

このように、憲法のどの条項を改正したいと考えているのかを明確にしないまま、国民的議論を起こそうとしていることが示され、右の引用部分にはないものの、緊急権条項の新設や憲法九条改正についても論及されることが徐々に増えていった。

「ここに問題があるから、このように憲法改正すべきだ」という提起ならまだ筋が通っている。しかし、まるで「とりあえず改憲という空気を作ろう」と言わんばかりであった。

変えることを所与として、どの条項について改正すべきかはおのずと明らかになるとは、そもそも順番がおかしい。「日本では憲法が法秩序の一番上にあって、その下に法律以下のさまざまな法がある」、「大元の憲法を政治が守るのは当然だ」と学校でも教えられてきたし、多くの人がそう信じてきたことだろう。法秩序の安定の〝要《かなめ》〟として、憲法というのは変わらないのが普通のことであって、変えるべき十分な理由があって初めて、どう変えるべきかの議論がなされるべきである。

政治が憲法に従うのは当たり前という前提が崩れて、「憲法を守る」ことと「憲法を変える」ことが同列になっているような構図が作られ、その構図自体は市民から大きな抵抗感なく受け入れられているようにみえるところが、ここ数年の間に日本の「立憲主義」に与えられた打撃の深さを物語っていよう。

冒頭でも触れたことだが、極めて大きな転機として、二〇一四年七月一日の閣議決定により政府の憲法解釈が変更され、それまで憲法上否定されてきた集団的自衛権の行使が容認された。戦争放棄・戦力不保持・交戦権の否認という、要するに軍隊について「無」と定める日本国憲法九条の下で、自衛隊という巨大な権限体系としての「有」を生む解釈は、相当に技巧的な離れわざの理屈づけを必要とするはずのものだった。自国を防衛するための必要最小限度の「実力」は憲法の禁じる「戦力」には当たらない。このような理屈で自衛隊という巨大な実力組織を正当化すると同時に、その理屈が自衛隊の活動範囲、規模・装備等について限界を画してきたのである。閣議決定はこの自国防衛のためという理屈を乗り越えてしまった。日本国憲法の下で集団的自衛権は行使しえないとしてきた政府解釈の変更は、内実としては憲法改正に匹敵するような変更であった。単なる内閣の憲法解釈ではなく、国会でのやり取りや裁判闘争も含め、国民的な議論が絡み合い、公務員の従う「機能する憲法」(長谷部恭男『憲法の境界』)が作られていた。これが壊されたのである。

二〇一五年六月四日の衆議院憲法審査会では、与党側の参考人として呼ばれた長谷部恭男・早稲田大学教授をはじめ、小林節・慶応義塾大学名誉教授、笹田栄司・早稲田大学教授が、揃って安保関連法案を違憲と断じ、世論を大いに喚起した。潮目が変わった瞬間であり、反対する意見が広く表明されるきっかけとなった。

反対の声が強く、「まだ国民のみなさまのご理解が進んでいない」(安倍首相)が、衆議院で可決され(二〇一五年七月一六日)、首相に近い参議院議員の一人は「……法案が成立すれば国民は忘れる」と言い切ったという(「朝日新聞」二〇一五年七月一六日)。しかし政治のあり方に「おかしい」と声を上げる市民は安保関連法案の衆議院通過後もさらに増え続け、二〇一五年夏にはこれまでにない大きな力で国会を囲んだ。

二〇一五年の安保関連法案の国会審議は、前年の閣議決定に示された憲法解釈を立法府が認めるのか、そして日本の安保法制の性格を根幹から変えることを国会が承認するのか、という意味を持っていたが、その重要性に見合った審議とはならなかった。なかでも、九月一七日の参議院特別委員会での異常な強行採決は、国会の権威を地に落とすものであった。

国会審議の全体を振り返っても、重要な質問に真正面から答えなかったり、矛盾した答弁がなされたりするなど、政府答弁は、しかるべき「質」を備えていなかった。国会は十分な役目を果たせなかったものといえる。政府の不真面目な姿勢を示す印象的な光景が随所に見られたが、五月二八日の衆議院特別委員会で、民主党の辻元清美委員の質問中に、安倍首相が「早く質問しろよ」とヤジを飛ばしたことを、その一つとして思い出しておきたい。

「存立危機事態」という新たな概念が集団的自衛権のために作られたが、国会での答弁を聞いても、最後まで、つかまえどころのない概念にとどまった。政府が総合的に判断する事柄であり、つまりは「政府におまかせください」という説明である。

法案に対する疑問が続出したにもかかわらず、国会審議に費やされた時間も一二八日間と短く、衆議院では七月一六日に、そして参議院では九月一九日に可決、成立したのである。もっとも、立法府が形式的に追認するだけに終わってしまったのは、当たり前のことだったと言える。理屈を無理屈にしてしまった以上、筋の通った理屈はもはや立てられないからである。理屈が壊れた中で政府の総合判断に任せるというのは、途方もなく大きな政府のフリーハンドを認めたのに等しい。

詳しくはのちに検討することとしたいが、大づかみで言うならば、私たちは、政治が憲法を強引に乗り越えようとしているところを、そして自らを律する抑制が効かなくなってきているさまを、目撃している。

舵が切られている

ある意味で二〇一五年夏に結実したといえる安保・外交政策の変更は、必ずしも「戦後レジームからの脱却」を掲げる安倍政権だからということではないのではないか。今、私たちが見ている変化は、首相の個性や信条を超える、もっと広い視野から見るべき事柄であると考える。たとえるなら、巨大な船が舵をいっぱいに切ったことの影響が、何年か越しに表面に現れている。この政策の性質からして当然であるが、これは他国との関係で選択された転換であり、そうである以上、日本の場合は日米安保体制(「日米同盟」)という背景において考察しなくてはならない。

ここ一〇年ほどの間に、日本の安保・外交政策は、急速にしかも根本的に性格を変えてきている。約一〇年前の二〇〇五年七月に外務省があらわした「平和国家としての六〇年の歩み」(ファクト・シート=報告書)を見てみよう。いわゆる村山談話(一九九五年八月一五日)の言葉を受けながら、九条という言葉を用いてはいないものの、「平和国家」について述べている。「平和国家」が、いかに政策にタガを嵌めてきたのか、確認できよう。

我が国は、過去の一時期国策を誤り、植民地支配と侵略によって、多くの国々、とりわけアジア諸国の人々に対して多大の損害と苦痛を与えた。こうした歴史の事実を謙虚に受け止め、痛切なる反省と心からのお詫びの気持ちを常に心に刻みつつ、我が国は戦後六〇年一貫して、強固な民主主義に支えられた「平和国家」として、(1)専守防衛に徹し、

（2）国際紛争を助長せず、（3）国際の平和と安定のために持てる国力を最大限に投入してきた。（便宜のため、数字を付した。傍線は引用者、ことわらない限り以下同様）

具体的な取組みの実績として、（1）の専守防衛については、「自衛のための必要最小限度の防衛力しか保持せず、攻撃的兵器を保有しない」、「戦後、一度たりとも武力を行使したことがない」とし、防衛費対GDP一パーセント枠や非核三原則を挙げている。また（2）の国際紛争助長の回避については、「武器の供給源とならず、武器の売買で利益を得ない（「武器輸出三原則」）」、「唯一の被爆国としての核兵器廃絶に向けた取組み」などが挙げられた。そして（3）の国際の平和・安定への積極的貢献については、国連への貢献や、財政的・物的支援（ODA）、人的貢献（PKOなど）を挙げている。ODAについていえば、かつては「軍事への転用を厳格に禁じ、国際紛争を助長しない」ことをポイントとしていたのであった。

右にみた「「平和国家」として、専守防衛に徹し、国際紛争を助長せず、国際の平和と安定のために持てる国力を最大限に投入してきた」という言い回しは、これまでしばしば外交の場面で使われてきた。また安全保障・国防においては、「専守防衛、他国に脅威を与えるような軍事大国とならないこと、非核三原則」といったことが、平和国家としての基本方針として挙げられてきた。

これらは基本的には六〇年代、七〇年代に作られた政治的な枠組みであり、国のとる政策の「方向性」を示す言葉であった。ここ一〇年ほどの間に見ているのは、この方向の転換なのである。

二〇一四年六月二七日の「朝日新聞」は、外務省関係者の言葉として、安倍晋三内閣にとっての「安全保障の「三本の矢」」が、一・武器輸出三原則の撤廃、二・集団的自衛権の行使容認、三・ＯＤＡの見直しであると伝えていた。いずれも、実際に二〇一四年から一五年にかけて、実現されている。つまり、とりも直さず転換をもくろまれたこれら三つが、戦後の安保・外交政策において、一つのパッケージを形成していたことがうかがわれよう。石破茂地方創生相は、国の外交力は「経済力」、「軍事力を含む安全保障」、「武器輸出」を柱とするのが世界の常識であると述べているが（『日本人のための「集団的自衛権」入門』）、日本の外交をそのような「世界の常識」へとシフトしようとしたものとみえる。

見返してみると、この間、自衛隊の米軍との一体的な運用、武器輸出への積極的な姿勢、軍事研究への大学の取り込みなど、変化は着実に進み、日本社会の共有する価値そのものや社会の性格といった骨格部分にまで影響が及ぼうとしているように見える。

自民党への政権交代後に

安保・外交政策について事態が大きく動いたのは、二〇一二年の衆議院議員総選挙で自民党が大勝し、民主党から再び政権交代した後である。そして一三年二月には、首相の私的諮問機関である安保法制懇（安全保障の法的基盤の再構築に関する懇談会）が約五年半ぶりに再開した。

ここでは同年六月に自民党が公にした、「新「防衛計画の大綱」策定に係る提言」を振り返っておきたい。そこに示された事柄が着々と実行されてきた様子を確認するためである。二〇一二年に公にされた自由民主党・日本国憲法改正草案（以下、改憲草案とする）にあるように「国防軍」が設置されることを前提に、下記が提言されている（付した番号は引用者）。

①「国家安全保障基本法の制定」、②外交と安全保障に関する官邸の司令塔機能強化のための「国家安全保障会議（日本版NSC）の設立」、③NSC設置にともなう体制の確立、政府内での情報共有の促進ならびに情報保全のための「政府としての情報機能の強化」、④一九五七年に閣議決定された「国防の基本方針の見直し」、⑤内部部局において内局と各幕僚監部が一体的に機能する体制の構築等の「防衛省改革」である。

すなわち憲法改正と①以外は、その後、着々と実行されてきていることがわかる。NSC法や特定秘密保護法は二〇一三年秋の臨時国会で、そして同年一二月一七日には「国防の基本方針」に変えて、「国家安全保障戦略（ＮＳＳ）」が閣議決定され、また同日に「平成二六年度以降に係る防衛計画の大綱について」（防衛大綱）が閣議決定されたのだった。また「防衛省改革」も大きく進んでいる（一四七頁以下参照）。

集団的自衛権の行使を容認しているため、もはや①の立法は不要といえるので、残りは「国防軍創設」のみである。つまり、この間の政治の動きは、国防軍と密接不可分な構想の下で、着手しやすいところから行われてきたと理解することもできる。

「国防の基本方針」はそれまで、日本の安全保障政策の基本文書として位置付けられていた。これに新しくＮＳＳがとって変わったのだが、そこに挙げられている変更の理由のなかに、日本の目指す新たな「国家像」をみることができる。

ＮＳＳは、これまでの「平和国家としての歩み」を確認した後で、「他方」とつなげている。曰く、「国の平和と安全は我が国一国では確保できず、国際社会もまた、我が国がその国力にふさわしい形で、国際社会の平和と安定のため一層積極的な役割を果たすことを期待している」。平和国家としての立場を堅持しつつ、「国際政治経済の主要プレーヤーとして、国際協調主義に基づく積極的平和主義の立場から、我が国の安全及びアジア太平洋地域の平和と安定を実現しつつ、国際社会の平和と安定及び繁栄の確保にこれまで以上に積極的に寄与していく。

このことこそが、我が国が掲げるべき国家安全保障の基本理念である」という。

つまり、NSSの眼目は、アジア太平洋地域、国際社会へと「我が国の安全保障」の射程を広げるところにある。このような進路変更をするために必要だったのが、「積極的平和主義」という概念であった。これは定義づけされることなく多用されはじめ、従来の「平和」という言葉の意味を変えていったのである。

内閣法制局長官人事

集団的自衛権の行使容認に向けて舵が切られた一つの重大なポイントが、二〇一三年夏の、内閣法制局の長官人事であった。長官の任命権者は内閣総理大臣ではあるものの、それまで内閣法制局内部で人事が、「部長→次長→長官」というように、内部的に行われてきていた。

後にまた触れるが、内閣法制局は内閣を直接補佐する法律専門部局であり、その起源は日本国憲法よりも、そしてなんと明治憲法よりも古い。内閣法制局は、行政府内における解釈統一にとどまらず、日本の国制における憲法・法律解釈の多くの部分を現実に担ってきていたのであって、法の意味を確定する事実上の力を持ってきた。ただし、行政府としての解釈は最終的には内閣の責任で決定されるため、内閣法制局が自らの権限として法解釈の確定権なるものを持っているわけではなく、内閣法制局解釈の持つ力は、内閣法制局の権威を背景にした「事実上の拘束力」である。

元内閣法制局長官である阪田雅裕氏は、「法制局は政府の組織、内閣の一部局で、内閣の施策を法的な側面で円滑に実施できるようにサポートする、これが職責です。裁判所と違って、施策を憲法に当てはめてイエスかノーかを判断し、それで済む立場ではない。どうすればその施策を、憲法と整合性のある形で実現することができるか、関係省庁と相談をしながら、法的な枠組みをつくっていく」と説明している（青井未帆・阪田雅裕「対談　これは憲法問題だ「解釈」で平和主義を捨ててよいのか」、「世界」二〇一四年五月号）。

つまり、内閣法制局は内閣を補佐する機関であるが、内閣のやりたいことのために解釈をねじ曲げるのが仕事とは理解されてきていなかった。「政治」とは区別される「法」にたずさわる機関であり、そして内閣法制局の解釈は、法律のプロの言葉として政治も尊重してきたのであった。人事が法制局内で行われてきたのも、政治からの一定の自律性を確保するための慣行であったといえる。

内閣法制局が法解釈の「論理」の問題として、集団的自衛権は憲法改正なく行使できないという理解を長いこと頑としてとり続けていたため、政治にとっては「目の上のたんこぶ」だったに違いない。長官に、法制局内部から昇任したのでなく、駐仏大使である小松一郎氏（もちろん、集団的自衛権肯定論者である）が据えられたのは、内閣法制局を屈服させようとする、政治の強い意思を示すものであった。それまでも首のすげ替えという案は囁《ささや》かれていたことだが、どの政権も、実際には行わなかったことであった。

安保法制懇報告書と安倍首相の会見

二〇一四年五月一五日に、安保法制懇が報告書を提出し、同日の夕方に首相が記者会見をして、国の「基本的方向性」を示した。安保法制懇報告書は、そもそもの政府の憲法九条解釈が誤っているとの理解から、集団的自衛権、集団安全保障、多国籍軍、ＰＫＯ、グレーゾーンすべてを肯定する内容であったが、政府はこの立場をとらず、報告書のとった立場は否定された。「（報告書の）「個別的か、集団的かを問わず、自衛のための武力の行使は禁じられていない」という考えや、「国連の集団安全保障措置への参加といった国際法上、合法な活動には憲法上の制約はない」」とする考えは、「これまでの政府の憲法解釈とは論理的に整合しない。私は憲法がこうした活動の全てを許しているとは考えません。したがって、この考え方、いわゆる芦田修正論は政府として採用できません」とされ、「従来の政府の基本的な立場を踏まえた考え方」について研究を進めていくことが明言された。いわば「はしご外し」である。

報告書の中では、国際法の専門的な知見を前提にした重要な指摘もされていたのだが、その後の法制化の段階で、まるきり無視された。にもかかわらず、安保関連法案の国会審議の際に、参考人として呼ばれた安保法制懇メンバーは、安保関連法案に「賛成」の立場から意見を述べていたのが印象的であった。報告書提出の翌日の「朝日新聞」には「われわれはコマに過ぎなかった」という安保法制懇メンバーの言葉も紹介されている。このように、専門家の権威を都合よく使うことが、安倍政権下で頻発していることを、ここでは再確認しておこう。

また、安倍首相は別の記者会見で、「日本が危険にさらされたときには、日米同盟は完全に機能する。そのことを世界に発信することによって、抑止力は更に高まり、日本が攻撃を受ける可能性は一層なくなっていくと考えます」と述べた。これは「米国の関与が揺るぎない」という前提が崩れれば、成立しない議論であることに注意を払っておきたい。

七月一日閣議決定

改めて強調すると、憲法九条のもつ規範としての力を削いだ決定的なポイントが、二〇一四年七月一日の閣議決定「国の存立を全うし、国民を守るための切れ目のない安全保障法制の整備について」である。

これは、三つのパートからなっている。「1　武力攻撃に至らない侵害への対処」、「2　国際社会の平和と安定への一層の貢献」、「3　憲法第九条の下で許容される自衛の措置」である。「平時」に分類されるのが一つ目と二つ目であり、三つ目のみが、集団的自衛権を含む日本の「有事」の話である。有事とは、要するに戦時のことである。

3では、「我が国に対する武力攻撃が発生した場合のみならず、我が国と密接な関係にある他国に対する武力攻撃が発生し、これにより我が国の存立が脅かされ、国民の生命、自由及び幸福追求の権利が根底から覆される明白な危険がある場合において、これを排除し、我が国の存立を全うし、国民を守るために他に適当な手段がないとき」にも武力行使しうることとされた。

もっとも、この閣議決定は、正面から「集団的自衛権を容認します」とはっきり言っているわけではない。従来の政府解釈の基本的な論理の枠内にとどまるとして継続性を装いながら、自国の防衛だけでなく他国に対する攻撃を「我が国の存立にかかわる」として武力の行使をしうるのだと説明する。そして、それが「国際法上は、集団的自衛権が根拠となる場合がある」とするのであって、あくまでも国内法的には「自衛の措置」なのである。

この閣議決定は、決定的に重要であるため、のちに章を改めてさらに検討する。

成立した安保法制

二〇一五年の通常国会で成立したのは、国際平和支援法という新法と、一〇もの既存の法律の改正案を一つにまとめた平和安全法制整備法だった。これは上程後「安保(関連)法案」と呼ばれ、「戦争法案」という批判もされてきたものである。そして、この国会は「安保国会」と呼ばれた。

成立した法を概観すると、武力攻撃事態法が改正されて、集団的自衛権行使の要件が明記された。また周辺事態法が改正されて、重要影響事態法へ名称変更した。これは日本のために活動する他国軍を、地球規模で後方支援することを可能にするものである。またＰＫＯ協力法が改正され、駆けつけ警護を含め自衛隊の海外での活動が大幅に拡大された。目下、南スーダンでのＰＫＯ活動において、駆けつけ警護の任務付与が検討されている。そして自衛隊法改正での大きなテーマは、在外邦人の救出や米艦防護であった。

さらに、船舶検査法改正により、重要影響事態の下で日本周辺以外での船舶検査が可能とされ、米軍等行動円滑化法は存立危機事態(後述)での役務提供が追加された。存立危機事態における、外国軍用品の海上輸送規制の追加（海外輸送規制法）、捕虜の取扱の追加（捕虜取扱法）がなされ、武力攻撃事態で他国軍も港湾・飛行場などを利用可能とするよう特定公共施設利用法が改正された。またNSC法改正により、審議事項に存立危機事態などへの対処が追加された。

ざっと見ただけでも膨大な変更であり、安保政策がガラリと変わったことが確認できる。このような変更が十分な議論もなく行われたのであった。

「憲法守れ！」と「でも必要でしょ？」

アメリカ独立宣言を起草したトマス・ジェファソンは、「信頼は、どこでも専制の親である。自由な政府は、信頼ではなく猜疑に基づいて建設される」と述べている。権力は疑われ、監視されなければならない。政治権力は憲法によって縛られなければならないという立憲主義の考え方は、そのような権力への猜疑に基づいており、国家権力には侵すことのできない個人の自由があると想定する。

二〇一三、一四年くらいから、政治に「憲法守れ！」と求める市民の声が、かつてなく広がった。政治が憲法を無視し乗り越えようとしているなか、「立憲主義」という言葉が急速に人々に広まっている。これは、「職場に憲法を」「くらしに憲法を」というように、憲法を社会に浸透させる力が上から働かざるをえなかった傾向のある日本にとって、一つの時代の節目であったように思える。

デモや集会に初めて参加するという人が、いろいろな世代に、各地で生まれた。そして、これまで地道に活動を続けてきた諸団体の運動に加え、「ＳＥＡＬＤｓ」（シールズ）や「ママの会」といった新しい運動の形態が生まれた。国会包囲のデモにおいては、昼に来られる人、仕事が終わって夕方以降にやってくる人、夜まで動ける人と、あたかも三交代制で国会を囲んでいるかのようだった。確かに、そこには市民としての自由があり、権利として行使されていた。新しい形の立憲デモクラシーが生まれている、そんな空気が共有されていた。

しかし、他方で、「戦争法反対！」への共感は、どこまで市民社会に広がったか。「「天が落ちる」とばかりにいっているが、まあ必要なんだろうし、別に大丈夫なんじゃないか」という雰囲気や空気がなかったろうか。二〇一五年の夏、少なくとも筆者は、何かこれ以上は伝わらない「壁」のようなものを感じた。さらに最近では、「憲法を守れ」という言葉自体が、「偏っている」「政治的である」と広くみなされつつあるように見える。

二つの相反するような流れがあるとしたら、これはいったいどういうことなのだろうか。

国家・家族・個人と一体となった「国がら」

そこで考えるに、日本社会には、単一ではなく、複数の法意識が、しかも互いに相容れない部分も含め、屹立あるいは重複して、存在しているのではないか。そこには、立憲主義に立脚する理解もあれば、矛盾する理解もある。このことを正面から見定めることが、私たちが今後、立憲主義にコミットしながら、政治と法、とりわけ憲法との関係を立て直してゆく上で、重要なのではないかと思う。

安倍首相から、自民党は改憲草案をすでに提示していると再三、強調されるようになっている。自民党が野党だった二〇一二年に公にされたこの草案をしっかりと検討する必要が高まっている。個別の条文の改定も大問題だが、より根底的な、国家と個人の関係をどう理解するかというレベルでも変更があることに留意したい。「国民主権、基本的人権の尊重、平和主義といった現行憲法の基本的な考え方を維持することは当然」と自民党はいっているが、改憲草案に見られる憲法観は、日本国憲法が前提にしているそれとは、考え方が全く違う。

日本国憲法は、個人が人格において対等であり、尊厳を持つ存在であることを出発点に、個人が個人として尊重されることを謳っている(一三条)。一人ひとりには自分の人生を選び取って生きる力が備わっているのである。個人と国家は協調関係にあるのではなく、個人が国家と対峙する関係が、基本的な想定である。人権を侵害する最大の権力は国家であるからこそ、国家の権力を制限することによって、個人の人権を保障しようとする（近代立憲主義）。

これに対し、改憲草案に見られるのは「国家・家族・個人と一体となった「国がら」」である。その前文の冒頭で、「日本国は、長い歴史と固有の文化を持ち、国民統合の象徴である天皇を戴《いただ》く国家」という国家観が示されている。そして「日本国民は、国と郷土を誇りと気概を持って自ら守り、基本的人権を尊重するとともに、和を尊び、家族や社会全体が互いに助け合って国家を形成する」という。

つまり、どうやら国家と歴史と文化、国民と国家と社会が、いずれも渾然一体となった秩序が背後に控えているようであり、だからこそ国家は日本国民の名において価値を一元化し、「こういう生き方をせよ」と迫ることができるものと思われる。

改憲草案に権力のコントロールという問題意識が希薄であるのは、このように「国がら」というものを理解するからなのだろう。改憲草案は、人権の分野で多くの修正を加え、天皇の権威を高め、国防軍を創設し、緊急事態条項を新設するのにもかかわらず、統治機構そのものについては、日本国憲法の条文構造にほとんど手を加えていない。自由の制約に傾き、権力の大きな移動があるのに、である。そういう変更を加えるのなら、立憲主義の立場よりすれば、権力行使が正しいものであったかをチェックする仕組みが、これまで通りでいいわけがなく、より強い対抗的な仕組みを作ることが必須であるはずだ。

しかし、国民と国家とが一体のものとして同一方向を向いているという想定からすれば、そのような配慮は不要なのだろう。今後、平和や安全保障の問題を考える際には、自民党改憲草案がこのような国家観に立っていて、権力抑制という意識が薄いことを認識する必要性がますます高くなると思われる。

改憲草案のとる「国がら」の理解は、「日本会議」のような、改憲機運醸成を支える国民運動団体と共鳴するところであることは、広く知られている。同会議のホームページによると、「皇室を中心に、同じ歴史、文化、伝統を共有しているという歴史認識こそが、「同じ日本人だ」という同胞感を育み、社会の安定を導き、ひいては国の力を大きくする原動力になると信じています。国際化が進み、社会が大きく変動しようとも、常に揺るがぬ誇り高い伝統ある国がらを、明日の日本に伝えていきたいと思います」とある。また、同会議が主催した憲法改正を求める集会に、安倍首相が自民党総裁として「憲法改正に向けて、ともに着実に歩みを進めてまいりましょう」(「朝日新聞」二〇一五年一一月一一日)というビデオメッセージを寄せたとも報道された。

その他にも、「日本女性の会」(日本会議の女性組織)や「神道政治連盟」、「みんなで靖国神社に参拝する国会議員の会」、「国家基本問題研究所」、「美しい日本の憲法をつくる国民の会」なども、同様の世界観を謳っている。二〇一六年のお正月には、神社に「憲法の内容を見直しましょう」という署名用紙が置かれていて、物議を醸した。つまり改憲機運の盛り上げが様々なルートを使って行われるようになっているのである。

また、「八紘一宇《はっこういちう》」という言葉が、二〇一五年三月一六日の参議院予算委員会で、自民党の三原じゅん子委員から、次のように「世界に誇るべき日本のお国柄」として紹介されたことは記憶に新しい。あらかじめ確認しておくと、八紘一宇という言葉は、当時の中曽根康弘首相をして「戦前の限定された意味が非常に強くありまして、私自体はそういうものはとりません」といわしめたほど(一九八三年三月一六日、参議院予算委員会)、侵略戦争正当化と極めて密接な関係のものとして理解されてきたため、これまで使用が避けられる傾向が強かった。しかし三原委員はそのようなことを気にかける風もなく、こう述べた。「今日、皆様方に御紹介したいのが、日本が建国以来大切にしてきた価値観、八紘一宇であります。八紘一宇というのは、初代神武天皇が即位の折に、天の下覆いて家となさむとおっしゃったことに由来する言葉です。……八紘一宇とは、世界が一家族のようにむつみ合うこと。一宇、すなわち一家の秩序は一番強い家長が弱い家族を搾取するのではない。一番強い者が弱い者のために働いてやる制度が家である」というように、家父長制的国家支配を理想的に語っている。

改憲草案は、日本国憲法の保障する人権規定を、日本における「共同体の歴史、伝統、文化」と対立する「異質なもの」として理解しているようである。たとえば、自民党の作成した改憲草案Q&Aは、「人権規定も、我が国の歴史、文化、伝統を踏まえたものであることも必要だと考えます。現行憲法の規定の中には、西欧の天賦人権説に基づいて規定されていると思われるものが散見されることから、こうした規定は改める必要があると考えました」として、「西欧の天賦人権説」への違和感を示している。背景にあるのは、たとえば次のような理解だろう。

今憲法に規定されている自由とか、また平等とか、基本的人権の尊重などが、この価値観がすごく日本社会に浸透してきています。でも、よく言われることですけれども、規律ない自由とか、行き過ぎた平等とか、過剰なまでの権利意識というものが日本全体に浸透していって、このことが物すごく日本の社会全体を不安定にしているんではないか。今こそ、日本人は、今までこの日本の社会を安定させてくれている共通の価値観とか、そういったものの重要性を再認識して、安易な自由や、見かけだけの平等などを重視してしまっ

て、この本当に大切な基盤を壊してはならない。（二〇一四年二月二一日、衆議院法務委員会、安藤裕委員）

立憲主義、デモクラシー、そして自由や人権等に価値を置くことへの「違和感」が改憲草案の底に流れているものと思われる。ちなみに、そこに言う共通の価値観として、聖徳太子の一七条憲法、とりわけて「和」という言葉が示されている。

立憲主義や自由への「違和感」は社会の中にも、根深く存在しているのではないか。なにしろ、「男たるもの」、「女のくせに」、「子どもなんだから」、「ＫＹ（空気読めない）」という言説がいたって普通になされているのである。日本社会の強い同調圧力は、常に誰かの口をつぐませる危険を持っている。作家の中村文則さんが、「お前は人権の臭いがする」と言われた体験を紹介していたが（「朝日新聞」二〇一六年一月一一日）、天賦人権説や立憲主義への、かなり深い感覚的なレベルでの違和感を、よく表した言葉であるとも思う。それは、「憲法守れ！」という言葉が、一定の範囲を超えては、賛同が広まらなかった背景の一端を映し出しているのではないか。

おそらく多くの国民は、天賦人権説や立憲主義に対して強い違和感を持っているわけではないだろう。また、「日本らしさ」・「美しい国土」・「家族の絆」は、多くの人にとって大切な価値であり、共同体の歴史や文化、伝統は心の拠りどころでもあろうし、これらが大切であることは言を俟《ま》たない。改憲草案のとる国家観は、「祖国や家族を大事にしたい」という多くの国民のこのような感覚や感情と共鳴しうるものだろう。様々なルートで改憲機運が盛り上げられようとしているが、国民の素朴な感覚に訴えかけて支持を取り付けることは、有効かつ簡便な方策であることに注意を払いたい。

国家権力と個人の自由が対峙するという理解は、特にこの日本において、「自然に出てくる考え」とはいえないだろう。一般的には、教育や思索を経てはじめて、「そう考えなくてはならない」という規範的思考が得られることに、改めて注意が必要である。日ごろ私たちが意識する国家は「サービス提供者」なのかもしれないが、国家は私たちの自由を制約し、場合によっては不当に侵害する存在でもある。

「道理」と近代立憲主義

改憲草案のような国家・国がらについての理解は、近世徳川時代の規範観念に遡ることができるという指摘がかねてよりなされてきている(川島武宜『日本社会の家族的構成』など)。

しかし徳川封建制の家父長制的で家産制的な日本法観念だけが伝統的な法観念ではなく、立憲的な法観念も脈々と息づいているという指摘があることに注目したい。近世より以前のさらに基層にある法思想であり、中世の「天道」「道理」といった自然法的な理解があるという。権力は「道理」の下にあらねばならないという観念である。「このような精神的前提があってはじめて、幕末維新期に西欧法が紹介されたとき、レヒトは正しく、「権理」「道理」などと訳されることができた」(水林彪「「日本的法意識」の歴史的基礎」、「法社会学」三五号)。

そのような自然法的理解は、日本国憲法前文に現れている理解と、もちろん親和的である。前文は、主権の存する国民が憲法を確定したことを明らかにし、「そもそも国政は、国民の厳粛な信託によるものであつて、その権威は国民に由来し、その権力は国民の代表者がこれを行使し、その福利は国民がこれを享受する」ことは、「人類普遍の原理」として、位置づけられている。そして日本国民は、その原理に「反する一切の憲法、法令及び詔勅を排除する」とする。

つまり「人類普遍の原理」が国民の信託による国政を導き、憲法によって人権を保障するとともに統治機関が作られている。憲法の前には「人類普遍の原理」が置かれていることに注意を払いたい。九七条にあるように「この憲法が日本国民に保障する基本的人権は、人類の多年にわたる自由獲得の努力の成果であ(り)」、日本国憲法の思想的背景には、近代立憲主義への長い歴史が控えているのである。また先の指摘を踏まえれば、それは日本の歴史にも順接するということになる。それは自由民権運動(天賦人権論)、大正デモクラシー、婦人参政権運動、第二次大戦後の憲法制定にあたっての民間憲法案づくりの動き、そしていまへと、連綿と続いているものであろう。

さて、先ほど、非立憲的なものも含め、改憲草案に親和的な意識が日本社会に広く存在しているであろうことを指摘したが、近代立憲主義の観点からみて重要なのは、人がどのような考え方を持つとしても、そのこと自体は、個人の自由だということである。近代立憲主義が問題にするのは、社会の多くの者が考えているからといって、特定の国家像や価値観を、国家が国民に押しつけることである。そんなことはできない。

人々が考えを持つことと、国家が国民に考えを押しつけることとの間には、大きな違いがあるのだが、改憲草案は、無神経にかあるいは意図的にか、その違いを無視しているようである。改憲草案は、国家が個人の内心に踏み込むことへの抵抗感が極めて薄く、自ら掲げる「国がら」を個人に押しつけ、社会や家族も含めて単一の色に染めようとする。それを心地よいと思う人にとっては素晴らしい世界だろうが、多元的な価値が並存し、異論が許される社会にしか自由は存在しえない。もし改憲草案がそのまま実現したら、自由の意味が変質する。

国家にできることは本来的に限定されているという大原則を繰り返し確認しなくてはならない。国家が考えを国民に押しつけることができるなら、国家が示す考えを共有しない人々の自由などなくなってしまう。

改憲草案を書いた人たちは、そんな自由はいらないと思っているのかもしれないが、自由や人権とは、そもそも権力への抵抗のための道具であり、それが人権を観念することの一つの意義である。国家が社会を一つの色に染めるということは、真っ向から人権という価値とぶつかるのである。日本が自由な社会からはまだまだ程遠いがゆえに、このことは、いくら強調しても、したりない。

私たちの社会の中での「個人の自由」

しばしば日本で強調される「固有の文化・伝統、家族や社会の助け合い」や「絆」という言葉について、これらはいずれも重要な事柄であって、否定のできない価値であることは間違いない。しかし問題は、これまでもそして今日においても、日本でこれらの言葉は、強い同調圧力と共に、「掟」となって、個人を押しつぶすことがあるところにある。「文化や伝統」の名の下に、別の価値観の余地をなくし、「家族の助け合い」という言葉の下に女性に家事・育児・

介護を押しつけることがある。私たちの多くが生涯を過ごすこの社会は、まだまだ不自由で不平等である。

だからこそ、社会のなかで単一ではない生き方が当然に許されるようになるために、不自由さに対して口をつぐまざるをえない人が一人でもいる以上、個人の尊重や個人の自由にこだわり続けなくてはならない。

日本社会でも、「個人の尊重」は、少しずつであれ、共有された理解となりつつある。生まれによってその人の人生が決定されることや、自分ではどうしようもないことで差別されることについて、「おかしい」とされるようになってきた。心の中では「おかしいことではない」と思っている人もまだ多いようだが、少なくとも公的な場では、そのことをやすやすとは言えなくなっている。

たとえば最高裁も、二〇一三年九月四日に、結婚をしたカップルから生まれた子(嫡出である子)とそうではない子の間に、法定相続分の差をつけていた民法の規定を違憲とする判断を示した。この規定は、相続、婚姻、親子関係に関する法律の制度全般に関係しているため、一般論としていえば、裁判所が判断するよりも、様々な事柄を考慮に入れながら国会が立法により、この問題を解決する方が望ましいともいえる。一九九五年には最高裁はこの規定を合憲としていた（七月五日、最高裁大法廷決定）。

しかし二〇一三年の最高裁の判断では、時代とともに婚姻や親子関係についての国民の意識などの事情が変化することが指摘され、「家族という共同体の中における個人の尊重がより明確に認識されてきたことは明らか」とされた。そして「父母が婚姻関係になかったという、子にとっては自ら選択ないし修正する余地のない事柄を理由としてその子に不利益を及ぼすことは許されず、子を個人として尊重し、その権利を保障すべきであるという考えが確立されてきて」いることをもって、この規定が違憲となったことが述べられたのだった。

最高裁が「個人の尊重」をどう理解すべきかについて国民に示すに至ったのは、そういった判断を最高裁が示しても大丈夫なくらい、国民の間に共感の広がりがあると認めたからであろう。ようやく二〇一三年になって、この問題について最高裁も違憲という判断が下せるような社会に、日本はなっていたということなのではないか。

最高裁は判断のなかで、「国際人権規約や児童の権利条約の批准およびそれら条約の委員会による勧告等」、「住民票や戸籍における記載の仕方の変更および国籍法三条を違憲とした最高裁の判断」、「法定相続分を平等とするための法律案の準備」といった様々な理由を重ねていた。それは、「はじめからこの規定は違憲だったというべき」としたのではなく、「途中で違憲となった」という説明をしたことに因る。要は、そのこと自体も、理由を積み上げてようやく「正しいあり方」を示すことができるという状況に、まだ日本が止まっていることを示しているように思う。

自由や人権を個人の生活のレベルで確立することは大きな課題であり続けているといえよう。「生活のなかに憲法を」というスローガンに対して、「憲法は国家を縛るものだから、正しくない標語だ」といわれることもあるが、そういうことでもなかろう。まだまだこのようなスローガンが妥当するような「現実」があるものと考える。

家族のあり方や、家族のなかで個人がどう扱われるかは、個人の日常的な自由にとって決定的に重要である。この点で、「個人の尊重」は憲法一三条に謳われているが、日本国憲法で「個人の尊厳」という言葉が憲法二四条二項に出てくることは示唆深い。「個人の尊重」と「個人の尊厳」の違いや関係について、学説は理解が一致しているわけではないが、個人が尊厳を持つ存在であるからこそ、個人として尊重されなければならないといえよう。個人の尊厳という根幹的な理解が、憲法二四条二項という家族生活に関する条文に出てくることは、日本では大きな意味があるというべきである。

憲法二四条二項は、「配偶者の選択、財産権、相続、住居の選定、離婚並びに婚姻及び家族に関するその他の事項に関しては、法律は、個人の尊厳と両性の本質的平等に立脚して、制定されなければならない」とする。憲法の保障する権利が一般に国家と個人との関係に焦点を当てている中で、二四条は個人と個人の間の、それも「私的」な関係について、あるべき法の姿を述べているところに特徴がある。

なぜ、ここに「個人の尊厳」が書き込まれなくてはならなかったかといえば、戦前の民法に規定されていた家制度に理由を求められる。戸主は家族の婚姻や離婚といった、生き方それ自体について関与する権能を与えられていた。「家」の中に、個人が個人として生きるための自由が圧倒的に不足していたからこそ、そこにおいて個人の尊厳を確認しなくてはならなかったのだといえる。

依然として、今日でもなお家族の中で個人が十分に個人として尊重されているとはいえない。少なくない人にとって、家族はよりどころであると同時に、自由を諦めなくてはならない場所である。

とすると、自民党の改憲草案が家族の規定を新設し「家族は、社会の自然かつ基礎的な単位として、尊重される。家族は、互いに助け合わなければならない」と規定していることを、どう考えればよいか。Q&Aは「前段については、世界人権宣言一六条三項も参考にしました」

という。（※　世界人権宣言一六条三項　家族は、社会の自然かつ基礎的な単位であり、社会及び国による保護を受ける権利を有する）

憲法二四条は、ＧＨＱ民政局のベアテ・シロタ・ゴードンが起案した条文案を下敷きとしている（同『一九四五年のクリスマス』などを参照）。これは「家庭は、人類社会の基礎であり、その伝統はよきにつけ悪しきにつけ、国全体に浸透する。それ故、婚姻と家庭とは法の保護を受ける。婚姻と家庭とは、両性が法律的にも社会的にも平等であることは当然である。このような考えに基礎をおき、親の強制ではなく相互の合意にもとづき、かつ男性の支配ではなく両性の協力にもとづくべきことをここに定める。／これらの原理に反する法律は廃止され、それにかわって配偶者の選択、財産権、相続、住居の選択、離婚並びに婚姻及び家庭に関するその他の事項を、個人の尊厳と両性の本質的平等の見地に立って定める法律が制定されるべきである（第一八条）」というものであった。

彼女は日本で育ったという経歴を持つが、自身の見聞きしたことやお手伝いさんの話を通じて、戦前の日本女性の置かれた状況をよく理解しており、たくさんの詳細な人権条項を提案した。「「民法」は男性が作るから、不平等は変わらない。女性の権利を「憲法」に書いておかなくてはいけない」といった旨を、シロタ・ゴードンは述べていた。提案された条項のなかには、たとえば草案一九条のように「妊婦と幼児を持つ母親は国から保護される。必要な場合は、既婚未婚を問わず、国から援助を受けられる。非嫡出子は法的に差別を受けず、法的に認められた嫡出子同様に身体的、知的、社会的に成長することにおいて権利を持つ」とするものもあった。先に、最高裁が二〇一三年になってようやく、嫡出でない子の法定相続分を二分の一としていた民法の規定を違憲としたことをみたが、これほどまでに長い時間がかかったことを考えさせられる。

さてシロタ・ゴードンの条文案を下敷きにしたＧＨＱ草案でもまだ、「婚姻と家族の保護」が謳われていた。日本政府としては家族保護には消極的な姿勢であったところ、帝国議会審議においては復古的な日本型家父長的家族主義に立つ保守派議員の主張と、ワイマール憲法型の家族保護論を展開する左派議員の主張が両方ともに排除されることとなり、偶然にも、二四条のような「家族の保護」ではなく純粋に個人主義的な規定となったのであった。

個人主義を徹底することなく自由、民主、平等といった価値は達成できないのであり、憲法二四条が結果的に純粋に個人主義的な規定になったのは、歴史の偶然であったとはいえ、日本社会にとっては、まさに必要なことであったともいえる。実際のところ個人主義は、戦後、ずっと批判の対象とされてきたのであり、つまり個人主義の確立とは逆向きの圧力の方が強かっれている。

たということからも、このことは明らかである。たとえば、次のような発言が、国会でもなさ

「憲法は、恐ろしいことに、家族とかいうことについては何も書いていない。……いわゆる徹底的な個人主義」、「実は日本国憲法の最大の欠陥は、第九条以上に、二十四条的なもの、家族とかコミュニティーというものを全く認めないというところではないか」（二〇〇〇年一〇月二六日、衆議院憲法調査会、鳩山邦夫委員）

「行き過ぎた個人主義の蔓延」という理解はしょっちゅう耳にする。最近でも二〇一五年夏に、「SEALDsという学生集団が自由と民主主義のために行動すると言って、国会前でマイクを持ち演説をしてるが、彼ら彼女らの主張は「だって戦争に行きたくないじゃん」という自分中心、極端な利己的考えに基づく。利己的個人主義がここまで蔓延したのは戦後教育のせいだろうと思うが、非常に残念だ」という、若い自民党（当時）の武藤貴也衆議院議員のツイッター投稿が注目を集めた。

個人主義の確立は、日本で道半ばなのである。そういう中で、個人と個人との関係で個人の尊厳という言葉を使っている二四条は、日本社会独特の任務を帯びた規定と解するべきだろう。個人の確立が途上であるからこそ、家族よりも個人を強調することが、必要なのではないか。

個人主義が不十分な中で、憲法草案のいう「家族の助け合い」にまで歩を進められるのだろうか。よく自問しなくてはならない問題である。

憲法二四条について、興味深い判断が二〇一五年一二月一六日に最高裁で示されている。いわゆる夫婦別姓訴訟として広く市民の関心を呼んだ事件であった。民法七五〇条は、夫婦が婚姻の際に定めるところに従い、夫又は妻の氏を称することを定めているが、これが個人の尊重を謳う憲法一三条、平等について謳う憲法一四条一項、そして憲法二四条に違反すると主張された。最高裁は、いずれの条文にも違反しないと判断し、議論を国会に委ねたのであるが、注意を払いたいのは、憲法二四条について、次のように述べている部分である。

憲法二四条が、本質的に様々な要素を検討して行われるべき立法作用に対してあえて立法上の要請、指針を明示していることからすると、その要請、指針は、単に、憲法上の権利として保障される人格権を不当に侵害するものでなく、かつ、両性の形式的な平等が保たれた内容の法律が制定されればそれで足りるというものではないのであって、憲法上直接保障された権利とまではいえない人格的利益をも尊重すべきこと、両性の実質的な平等が保たれるように図ること、婚姻制度の内容により婚姻をすることが事実上不当に制約されることのないように図ること等についても十分に配慮した法律の制定を求めるものであり、この点でも立法裁量に限定的な指針を与えるものといえる。

これまで実は、憲法学の学界でも二四条はあまり注目を浴びる規定ではなかった。個人の尊重を謳う一三条と平等について定める一四条があり、それらの規定に議論が回収できるのだから、二四条に特段の意義を認めずともよいという雰囲気もあった。最高裁が、婚姻及び家族に関する事項を定めるにあたって立法府がもつ裁量に、憲法二四条が限界を画する「力」をもつと認めて、「事実上不当に制約されることのないよう」にと要請したことは、「事実上の不当な制約」が社会に蔓延している現状に警告を鳴らすものであったといえる。

本章では、ここ数年に私たちが目撃してきたこと、つまり政治が憲法を乗り越えようとするさまを、安保・外交政策の転換を中心に追い、政治や憲法を成り立たしめている、個人や自由、国家等の理解や社会のありようといったものに、さかのぼって考えてきた。安保・外交政策の転換に発する流れは、単なる政策の変化にとどまらず、より深く、日本という国の「国がら」や、自由や平和といった大事にされるべき価値のあり方に、影響を及ぼしてゆく可能性がある。提示されている自民党の改憲草案は、個人よりも国家や家族に価値を置くものだからである。

しかし家族の中でも社会の中でも、そしてもちろん国家との関係においても、自由であることは、私たちにとって、現在進行形の課題である。憲法一二条も「この憲法が国民に保障する自由及び権利は、国民の不断の努力によつて、これを保持しなければならない」と謳うように、不断の努力を続けなければ、いまある自由も失われてしまう。

大日本帝国憲法の下で、政治的・思想的な表現の抑圧のみならず、考えや思想の自由そのものの弾圧までなされた歴史がある。これが、心の中での精神活動を丸ごと保障するという比較憲法的にも珍しい憲法一九条が設けられた背景にあることを、忘れてはなるまい。「個人が一番大切だ」と言い続けていくこと、そして、どのような仕組みが、個人の自由を一番よく守るのかを考えてゆくことの意味は、いまなお大きい。

第二章　憲法九条と安保・外交政策

日本国憲法は、戦争のない国際秩序を達成することを目指している。世界平和を理念としていることが前文に示され、九条一項で戦争放棄が、そして二項で戦力不保持・交戦権の否認が定められている。平和を謳う憲法は諸国に珍しくはないが、九条二項は、諸国にない、世界でも初めての試みである。平和は自由の前提であり、つまり日本は独自の方法によって自由を形作ってきたものといえる。

この憲法の下で、長年にわたり安保・外交政策が作られてきた。九条は単なる「お飾り」以上の役割を果たしてきたのであって、集団的自衛権が行使容認され、憲法改正が政治日程にのぼろうとしている今日、改めてその意味を考察したい。

九条がどのような役割を果たしてきたのか、私たちはどのような憲法文化を作ってきたのか。本章では憲法九条の下で展開した防衛法制という法の仕組みに主眼を置いて、二〇一四、一五年までのありようを確認する。

国際法における到達点

まず九条とその下での政策を考えるにあたって前提とされるべきこととして、国際法における到達点を見ておきたい。戦争がもたらす凄惨さは、戦争を国際法的に統制しようという試みにつながってきた。日本国憲法は、国際法における一つの到達点を国内法的に実行したという見方もできる。

伝統的な国際法では、国家の安全は、「戦争に訴える自由」を背景において図られると考えられていた。しかし、この構造は「戦争の違法化」への漸進によって、根本的に転換している。

戦争の違法化は、全面戦争の結果として多くの一般市民も巻き込んだ第一次世界大戦を契機に始まった。軍事技術の進歩により、戦いに戦車や航空機、毒ガスが用いられることとなり、かつてない規模の被害がもたらされたのである。一九二八年にパリで「戦争抛棄ニ関スル条約」(不戦条約)が締結され、日本も翌年、批准した。ただし、一条の「其ノ各自ノ人民ノ名ニ於テ」という文言については、天皇の統治大権と抵触するおそれがあると議論になったため、この条項は日本には適用されないと宣言した上での批准であった。

不戦条約は、戦争禁止を一般的に定式化して、戦争違法化への大きな一歩となった。しかし

「憲法前文」(傍線は引用者)

日本国民は、正当に選挙された国会における代表者を通じて行動し、われらとわれらの子孫のために、諸国民との協和による成果と、わが国全土にわたつて自由のもたらす恵沢を確保し、政府の行為によつて再び戦争の惨禍が起ることのないやうにすることを決意し、ここに主権が国民に存することを宣言し、この憲法を確定する。そもそも国政は、国民の厳粛な信託によるものであつて、その権威は国民に由来し、その権力は国民の代表者がこれを行使し、その福利は国民がこれを享受する。これは人類普遍の原理であり、この憲法は、かかる原理に基くものである。われらは、これに反する一切の憲法、法令及び詔勅を排除する。

日本国民は、恒久の平和を念願し、人間相互の関係を支配する崇高な理想を深く自覚するのであつて、平和を愛する諸国民の公正と信義に信頼して、われらの安全と生存を保持しようと決意した。われらは、平和を維持し、専制と隷従、圧迫と偏狭を地上から永遠に除去しようと努めてゐる国際社会において、名誉ある地位を占めたいと思ふ。われらは、全世界の国民が、ひとしく恐怖と欠乏から免かれ、平和のうちに生存する権利を有することを確認する。

われらは、いづれの国家も、自国のことのみに専念して他国を無視してはならないのであつて、政治道徳の法則は、普遍的なものであり、この法則に従ふことは、自国の主権を維持し、他国と対等関係に立たうとする各国の責務であると信ずる。

日本国民は、国家の名誉にかけ、全力をあげてこの崇高な理想と目的を達成することを誓ふ。

＊　＊　＊

第九条　日本国民は、正義と秩序を基調とする国際平和を誠実に希求し、国権の発動たる戦争と、武力による威嚇又は武力の行使は、国際紛争を解決する手段としては、永久にこれを放棄する。

2　前項の目的を達するため、陸海空軍その他の戦力は、これを保持しない。国の交戦権は、これを認めない。

第一次世界大戦をさらに上回る、死者六〇〇〇万人ともいわれる未曽有の戦禍をもたらした第二次世界大戦を迎えてしまう。第二次世界大戦で私たちがどれほどとてつもない犠牲を払ったか、ニール・ハロラン氏(Neil Halloran)が様々な角度から視覚化した動画は、参考になる(http://ja.fallen.io/ww2/)。人類がこの大戦で何も学べないとしたら、知的怠慢のそしりを免れない。

日本は、一九三一年の満州事変でも、三七年の支那事変(日中戦争)でも、戦争の意思表示を示さないで武力行使を行った。戦争が違法とされても、このような武力行使が正当化されるとするならば、国際平和は達成されない。

そこで大戦後に戦争違法化が新たな局面を迎えることとなった。国際連合憲章は前文で「共同の利益の場合を除く外は武力を用いない」ことを謳っており、二条四項は、「戦争」という言葉を慎重に避けて、「事実上の戦争」や「戦争に至らない武力行使」もまた、禁止の対象とした。

憲章は、国連が集団的に国際の平和と安全を確保する(集団安全保障)という制度設計をしている。武力行使が許されるのは、①自衛権の行使、②国連自身が軍事的行動を起こす場合、そして③安保理決議によって授権ないし容認された国々の武力行使、といった例外のみとなった。「武力行使の原則違法化」である。

そこで憲章五一条は、「この憲章のいかなる規定も、国際連合加盟国に対して武力攻撃が発生した場合には、安全保障理事会が国際の平和及び安全の維持に必要な措置をとるまでの間、個別的又は集団的自衛の固有の権利を害するものではない。この自衛権の行使に当って加盟国がとった措置は、直ちに安全保障理事会に報告しなければならない。また、この措置は、安全保障理事会が国際の平和及び安全の維持または回復のために必要と認める行動をいつでもとるこの憲章に基く権能及び責任に対しては、いかなる影響も及ぼすものではない」としているのである。つまり暫定的措置としての自衛権の行使が許されるのみであり、いうなれば、憲章では、かつてのようなのびのびとした自衛戦争ができると想定されているわけではない。

憲章自体は違法な行動に対し共同で軍事力により対処するという制度を用いており（七章＝三九～五一条）、「武力による平和」そのものは前提とされている。とはいえ今日では、武力行使原則違法化という規範を無視することは、もはやできまい。国家がとりうる安全保障政策には、国際法的な観点から、一定の制約が加えられている。そして日本国憲法は、国連が設立された一九四五年一〇月の後に、国連憲章を前提にして作られているのである。つまり、国際法の原則を国内法化し、さらに徹底したものといえるのである。

実力の統制

もう一つ、日本で憲法九条やその下での安保政策を考える上で前提とされるべき点として、大日本帝国憲法下の日本が、軍隊の統制に失敗したという事実がある。憲法とは国家権力を抑制するものであるが、九条の存立意義について、「軍事の統制」という観点から見る必要がある。日本国憲法は、国家の実力に関係する安保・外交政策を、不可避に憲法問題とすることで、政治の不自由を作り出し、それにより憲法的な限界を設けている。

そもそも、領域内の実力・暴力を実効的に管理し、統制することは国家の任務である。マックス・ウェーバーは「国家とは、ある一定の領域の内部で……正当な物理的暴力行使の独占を(実効的に)要求する人間共同体である」とした(『職業としての政治』)。国家は正当な物理的暴力を独占し、それを背景に統治を行う。国の安全が図られることによって、領域内に存在する人びとの安全が確保され、個人の諸権利や諸自由の保障の前提が与えられる。いわゆる破綻国家の実状から、効果的な統治を行う存在抜きには、個人は自らの生存すら確保するのも困難であることがわかる。

実力行使の役割を担う組織としては、通常、対外的関係における「軍隊」と対内的関係における「警察」とが区別される。問題は、国家の物理的暴力が、安全を確保し国民の自由の前提を作り出す反面で、国民の自由を危険に曝す大きな原因でもあるところにある。特に軍隊については、その保有する実力の大きさや、部隊行動をとる上意下達の徹底した組織であることから、有効な統制は不可欠である。

そこで、どうやってこれを制御するかが大きな問題であり続けてきた。また軍隊が国際的な治安の確保という警察目的で、複数の国家が共同で任務に当たる中で用いられるようになった今日においては、どうやって適切に統制するかという方法に関する議論は、諸国においても新たな局面を迎えているといえる。

明治憲法の下で「軍部の独走」がなぜ起こったかについて、一つの要因は、憲法による統制の仕組みが不十分だったことにある。致命的なダメージとなったのが、「統帥権の独立」と「軍部大臣現役武官制」であった。明治憲法は、不完全ではあれ「権力を憲法でコントロールする」という立憲主義の立場に立っていた。しかし統帥権を国務大臣の輔弼《ほひつ》から除外する「統帥権の独立」は、明治憲法の立憲主義の不完全なところを憲法内在的に崩壊させてしまったのである。

日本国憲法は、以上のような軍隊の統制問題への、一つのドラスティックな答えとして理解できる。九条は、その下で国がとりうる安全保障政策へ制約を課しており、それはのちに詳しく見るように「軍事の否定」という論理の提供と理解できる。自衛隊は、その名称が物語っているように、「軍ではない」ものとして政府により規定されてきた結果、ふつうの国における軍隊とは一線を画する特徴をもってきたし、今でもそうなのである。つまり、九条と九条のもとで展開されてきた自衛隊をはじめとする諸政策には、九条から引き出された「軍事の否定」という論理によって、限界が画されてきたのである。これは、かつてない実力統制の方法であったといえる。本書ではこれを指して、実力の「論理による統制」と呼んでいる。

支えてきたもの

そのような試みが、なぜまったくの空論とはならなかったのか。「国家である以上は、軍隊を持つのは当然だ」、「九条なんて単なる夢物語だ」と、法としての力を認めない立場も示されてきたが、これまで政府自身、九条を従うべき法として、九条の字面にこだわって、政策を作ってきた。

その背景に、「もう二度と戦争をしてはならない」という人々の決意がなかったら、九条二項という世界初の試みなど、うまくはいかなかったのではないか。紛争は武力によって解決しえないという平和への意思であり、「殺し、殺される」ことへの拒否である。

太平洋戦争では、市民も兵士も多くの人が命を落とした。人間の尊厳が蹂躙され、兵士が餓死した。二発の原爆が投下され、都市は空襲にあい、沖縄では地上戦が戦われた。戦後においても、空襲で後遺症を負った者や親を亡くした戦争孤児など、国からの補償もなく、「もはや戦後ではない」と言うことができない人も多かった。

筆者の理解によれば、今般の安保・外交政策の転換により、「論理による統制」については、大きな穴があいてしまった。実効的に他国軍隊を後方支援したり、集団的自衛権を行使したりして「戦える国」にするには、まだまだ多くの法改正を必要とするものの、中核の理屈の点ではタガが外されてしまっている。今後、日本国憲法が「平和憲法」として、実力の統制を続けられるかにとって、人々がいかに平和をリアルに考え、強く希求するかは、重要な役割を果たすことになるだろう。この点については、のちに第四章で再び戻る。

論理による統制

さて日本国憲法の選択した統制方法とは、先にも述べたように国家の権限配分において軍を否定し、国家の権力として発動もされうる実力を、論理で抑えるという、諸国に例を見ない新しい試みだった。

あるいは、軍隊という統制客体をなくしているのに、九条が実力を論理で統制するという主張に違和感を抱かれるかもしれない。正統性に疑問のもたれる法制度の存在を認めるなんて、論理的な明快性に欠けると思われるかもしれない。しかし、政治を法で縛ろうという試みは未完なのであり、法の存在しない領域にあっても政治は存在する。国家の実力の統制はまさにそのような課題である。安全保障論の〝本籍〟は政治にある以上、人権規定と違って九条の法規範性とはそういうものだと、開き直って定義づけるよりほかないのではないか。この七〇年を振り返れば、九条という試みは一定の成果をあげたという評価がふさわしいものと考える。

日本の安保法制は、他の国におけるそれとは、根本的に異なっている。戦争放棄・戦力不保持・交戦権の否認を謳う憲法九条の下にある以上は、当たり前だろう。しかし、当たり前といえるのは、九条が「単なる理想」にとどまらない規定であるという前提に立つがゆえなのであり、九条を「国家を縛る法」として政府自身が理解してきたことが重要である（愛敬浩二『改憲問題』）。

九条は、戦争を放棄し、「軍隊」に権限を配分しない、さらには交戦権も持たない「無」の規定である。そのような憲法の規定にもかかわらず、自衛隊を正当化して、さらにその活動しうる範囲を確定するという作業は、理屈（論理）の力に頼らざるをえない。「無から有を生む」

ことの特異性・例外性を意識せざるをえない。

そこで、日本では自衛隊に「できる」ことの法的根拠が常に問われ、それ以外は「できない」ものとされているのである。これは、たとえばアメリカがそうであるように、軍隊には「できる」ということがデフォルトで、国際法や憲法などが「できない」限界を規律するという思考とは逆である。

政府はストレートに「国の安全には戦力が必要だ」と自衛隊を正当化してきたのではない。政府の解釈においては、九条と自衛隊にかかわる権限体系とは、九条の文言における「無」と「軍ではない」＝「無」＝「正統性への疑問」」という一点において、ぎりぎり辻褄が合っているとも説明されうるものであった。政府解釈は、憲法九条を国の政策に限界を設けるものと理解してきたことを強調したい。

そして、憲法のとる「軍事の否定」というスタンスは、安全保障に関わる法領域だけでなく、いろいろな法において、軍事の否定や制限という形で表されてきている。つまり、憲法を頂点におく法体系のそこかしこに、「戦争をしない国家」が表現されてきたのである。

たとえば、明治憲法下の旧土地収用法二条（一九〇〇年）では、「国防其ノ他軍事ニ関スル事業」が土地収用の筆頭に挙げられていたが、日本国憲法の下で一九五一年に全面改定され、憲法九条の存在ゆえに、軍事に関する事業が土地収用の対象から削除されたのだった。もっとも、その後、米軍に提供するための国民の土地の使用や収用をめぐる問題など、土地収用は軍事事業から自由となったわけでは、もちろんない。しかし、少なくとも、正当な収用対象としての公共事業から軍事が外され、軍事目的での土地収用に大きな制限が課せられてきたのである。

そして港湾管理についていうと、明治以来、港湾は当然のこととして国の営造物とされてきていたが、一九五〇年に制定された港湾法は港湾の管理運営を地方自治体に移したのだった。また旧軍港市について、平和産業港湾都市にすることを目的とする旧軍港市転換法が同年に制定されている。島国日本が軍事的な行動をとろうと思ったら極めて重要になる港湾について、管理権を地方自治体に分散させたことは、平和国家の理念と密接な関係がある。核兵器の港への持ち込みについて制約するため、「非核証明書」の提出を求めるいわゆる非核神戸方式は、行政指導にとどまるとされながらも、市長が港湾管理者であるからこそできるということに注意を払いたい。もっとも、朝鮮戦争の勃発に伴い、GHQは日本の港湾を国連軍の軍事作戦に用いるために接収し管理していたのであり、佐世保・横須賀など旧軍港施設について、講和条約締結後は駐留米軍に提供されて今日に至っている。さらに、有事法制のなかで自治体の港湾管理権限には強い制約が課されているのであって(特定公共施設等利用法など)、限界はあるのだが。

いずれにせよ、基本的な性格として戦後の法体系は、軍事が優先されないものだったことは、右の例からもみてとることができるだろう。たとえば、「ある土地を利用する国防上の必要性」と「その土地で生活する権利」は対立する。そして、後者が譲歩を迫られることを想起すると明らかなように、軍事的合理性は人権と相容れない性質をどうしても持つ。しかし九条は、軍事的合理性が貫徹することに根源的な疑問を突き付けるものであり、そのことは法律に反映されて、政治は不自由であったのである。

自衛隊をめぐる特殊性

政府の九条解釈の論理を、具体的な防衛政策としての自衛隊と絡めながら見てみよう。防衛力は、「侵略を排除する国家の意思と能力を表す安全保障の最終的担保」と説明されており、日本では自衛隊が防衛力の「要《かなめ》」として据えられている(『平成二七年版防衛白書』)。

この自衛隊という制度にも、憲法の示す「軍事の否定」が色濃く反映されている。それは自衛隊の出自にも関連している。朝鮮戦争の勃発により、警察力の補完を任務として警察予備隊が設置された(一九五〇年)。警察予備隊がどのように正当化されたのかといえば、治安組織だから、九条に違反しないとされたのであった。

警察予備隊令がサンフランシスコ講和条約発効後に失効することから、警察予備隊は保安隊に改組される(一九五二年)。保安庁法では、警察予備隊令一条に明記されていた「警察力を補う」という文言がなくなり、独自の保安機関であることがより明確となったが、治安の維持を目的とする実力組織として、任務及び目的において警察力であると理解することも可能であり、「その本質は警察上の組織である」と説明された(一九五二年二月五日、衆議院本会議、木村篤太郎国務大臣)。

そして日米相互防衛援助(MSA)協定(一九五四年)により防衛力を増強する法的義務を負うこととなり、防衛庁設置法(旧)及び自衛隊法が制定された。侵略に対する防衛出動が自衛隊の任務とされたことにより(二〇一五年改正前の自衛隊法三条)、警察力とは異なるものとして出発することとなった。すなわち、「我が国の平和と独立を守り、国の安全を保つため、直接侵略及び間接侵略に対し我が国を防衛すること」を主任務とすると定めていた(二〇一五年の改正により「国の安全を保つため、我が国を防衛すること」を主任務とすることとされている)。

確かに、自衛隊は、緊急時に敵戦闘員を部隊行動により殺傷する点で、国内の治安維持・秩序回復に一次的な責任を負う警察とは異なる性質を持つ。そして世界でも有数の装備を有し、日本の防衛を主たる任務としている。

しかし母体が警察力であることの影響は、自衛隊は部隊行動を基本とするにもかかわらず、「自衛官は」という規定の仕方がなされている点や、警察官職務執行法が準用される点、そして自衛隊に「できること」を限定列挙している点などにもみることができる。

自衛隊を軍隊と呼ばないことは、佐藤栄作首相が一九六七年の第五五回国会で言明し、以降、踏襲されてきた。自衛隊は、自衛のための防衛組織であり、軍とは一線を画したものであるとされてきたのである。

憲法の禁ずる「戦力の保持」には「当たらないもの」という、いわば消極的な自己定義を余儀なくされつつ、軍とは違うものとして積極的に自己定義しなくてはならなかったことが、自衛隊の性格を作ってきたのだった。つまり、警察でも軍隊でもないものという、いささか不明確な位置づけが与えられてきたのである。「できる」のが当たり前である軍隊ではなく、「できない」のが当たり前だからこそ、一つ一つできることを法律で定めなくてはならないが、これは、相当程度に政策の自由度を奪うものである。つまり、よいか悪いか、成功したか失敗したかは別として、安全保障法制の論理的な限界として、「軍の否定」が置かれてきたのであり、これは他の国にはない珍しい権力統制の手法であったというべきである。

なお、自民党の憲法改正草案が、自衛隊という言葉を使わず、「我が国の平和と独立並びに国及び国民の安全を確保するため、内閣総理大臣を最高指揮官とする国防軍を保持する」としていることは、正面からの「軍隊」の肯定であり、看板だけすげ替えるというものではないことが明らかだろう。

では、どのように自衛隊は憲法九条の下で合憲とされてきたか。政府解釈と学説上の通説は、一項においては国際紛争を解決するための侵略的な戦争や武力行使、そしてその威嚇行為は放棄されたが、自衛戦争や自衛行動は放棄されていないとする。しかし、二項で戦力不保持と交戦権を否認しているので、結局、自衛戦争や自衛行動までも不可能となっていると理解している。そこで、自衛隊が憲法の禁じる実力となるかどうかのポイントは、「戦力」の意味いかんとなる。

先に見たように、もはや国際法上、戦争が否定され武力行使も原則違法化されたため、武力攻撃を受けた場合に各国に許されているのは、自衛権の行使としての自衛の措置のみである。自衛権は、国際法において、外国からの急迫または現実の不正な侵害に対して(違法性)、侵害を排除するためには実力の行使以外に手段がなく(必要性)、取られた実力行使が加えられた侵害を排除するために必要な限度で行使されなければならない(均衡性)とされている。

政府解釈は、国家固有の自衛権が憲法上放棄されることはなく、自衛行動を取ることは当然に認められるとし、自衛のために必要な「戦力」に至らない実力を保持することは憲法九条二項に違反しないとする。「他国からの武力攻撃があった場合に、座して死を待つことを憲法が命じているとは考えられない。自国を防衛するための必要最小限度の実力は憲法に違反しない」、という理屈である。このようにして、自衛隊が合憲と説明されてきた。

このような説明は二〇一四年の集団的自衛権を行使容認した閣議決定においてもその後も、基本的には維持されている。その論理は、憲法上の権限規範「なし」に生みだされた安全保障法体系の根幹に置かれており、安全保障に関わる法体系の正統性を一手に握っているため、容易に変更できないのである。

何ができるか――ルールと例外

では政府解釈は、「自衛隊に何ができるか」という活動の限界について、どうルール化してきたか。そもそも「無」から「有」をアクロバット的に生む解釈であるので、あくまでも自衛隊にとっては「できない」ことが大原則であり、一つ一つ理屈を重ねて自衛隊の活動領域や活動内容が広げられてきた。たとえていえば、硬い石を穿《うが》つような解釈実践である。その過程で、九条との整合性を図るために、筆者の理解によれば、だいぶ「無理屈」と思われるような解釈を施してきた。結果として、日本の安保法制は複雑なものとなっているが、憲法の規範に照らして形成されてきたのであるから、この線に沿って整理するとわかりやすいだろう。

自衛隊の活動を正当化するための議論としては、次の二つの道筋が考えられる。便宜的に、筆者は「議論A」と「議論B」と呼んでいる。

議論A：憲法は武力の行使を禁じているが、その例外として許される武力行使がある。

議論B：武力の行使に当たらないからできる。

これら二つの議論の道筋については今般の安保法制整備においても維持されているのであって、しばしば混同される傾向があるものの、理屈の違いを意識する必要がある。

「例外として許される武力行使がある」

まず、「例外として許される武力行使がある」というのが、個別的自衛権であり、九条のもとで例外的に自衛隊を正当化する理由であった。「議論A」にいう「例外」は、二〇一四年の解釈変更まで長らく「我が国に対する外部からの武力攻撃の有無」をもって判断されてきた。この「例外」に当たる場合が、「直接侵略」(旧自衛隊法三条)であり、この場合に自衛隊は防衛出動（自衛隊法七六条）をして、自衛のために武力の行使をなしうる（同法八八条）。

　このことを簡潔にまとめていたのが、二〇一四年閣議決定より前に採用されていた「自衛権発動の三要件」である。これは、①わが国に対する急迫不正の侵害があること、②この場合にこれを排除するために他に適当な手段がないこと、③必要最小限度の実力行使にとどまるべきことを、要件としている（なお先に見た国際法における自衛権の三要件とは、③が異なっている）。

　事態の緊迫度を、「予測→切迫→武力攻撃」と段階的に構成する武力攻撃事態法が制定されて、自衛のための武力の行使までの手続きはかなり複雑になったが、自衛権発動の三要件は維持されていた。すなわち、「武力攻撃事態には至っていないが、事態が緊迫し、武力攻撃が予測されるに至った事態」である「武力攻撃予測事態」（武力攻撃事態法二条三号：防衛出動待機命令等を下令できる）や、「武力攻撃が発生する明白な危険が切迫していると認められるに至った事態」（武力攻撃事態法二条二号：防衛出動を下令できる）である「武力攻撃切迫事態」であっても、自衛隊は武力を行使できず、あくまでも、「我が国に対する武力攻撃」が発生することが武力行使の要件とされてきていたのである。その場合に武力攻撃を排除しつつ、その速やかな終結を図り、武力の行使がなされうるのである、と。

個別的自衛権と集団的自衛権の関係

さて、以上のように、自衛隊は自国を防衛するための必要最小限度の実力として、憲法上正当化されており、政府は個別的自衛権を「自国に対する武力攻撃を実力をもって阻止する権利」としてきた（自国防衛）。

そこで、「自国と密接な関係にある外国に対する武力攻撃を、自国が直接攻撃されていないにもかかわらず、実力をもって阻止する権利」たる集団的自衛権（他国防衛）は、そもそも右に見た自衛権発動の三要件の①の論理の外にあるのであって、憲法上、できないことになる。そして憲法改正せずには集団的自衛権の行使を容認できないということは、何度も確認されてきていたのであった。政府は、個別的自衛権と集団的自衛権について、「両者は、自国に対して発生した武力攻撃に対処するものであるかどうかという点において、明確に区別されるもの」としてきた。つまり政府の理解において、個別的自衛権と集団的自衛権は、それぞれ重なる部分のない互いに独立の概念であって、他国防衛（集団的自衛権）は、憲法九条のもとで行使できないカテゴリーとされてきていたのである。

つまり政府は集団的自衛権をものすごく狭く定義して、個別的自衛権を広く想定するからこそ、長らく右のような説明でも、アメリカ軍等の支援をすることができていたわけである。しかし、傍点を振った「実力をもって阻止」という点において一緒なのだから、自国でも他国でも（限定的であれ）実力を使えるとしてここを突破したら、憲法九条が武力の行使を禁止している意味がなくなるはずであり、そうなると、もはや条文解釈という体もなさなくなる。それが現実のものとなったのが、二〇一四年七月一日の閣議決定であった。

「武力の行使に当たらないからできる」

さて、自衛隊の活動を正当化するためのもう一つの議論の道筋（先に「議論B」としたもの）は、武力の行使と区別される武器の使用（警察権行使）や後方（地域）支援等に用いられてきた正当化の理屈である。これは、自衛隊の活動を広げるための理屈として、もっぱら活用されてきたが、その度に合憲性が争われてきた（掃海艇のペルシャ湾での機雷除去〈一九九一年〉や周辺事態法における武器使用をめぐる議論など）。

先に見た「議論A」を拡張すること、つまり集団的自衛権の行使容認は、論理の上で極めて困難だったため、政府は自衛隊の活動領域や内容を広げるために、「議論B」を活用した。その結果、後でも見るように、「議論B」は、たとえるなら、すでに引っ張れるだけ引っ張られているゴムのような状態にあって切れかかっていたところ、二〇一五年の改正でもはや限界に達したと考える。この点については、次章で幾つかの例に即して詳しく見る。

転換――二〇一四年七月一日閣議決定

以上のように憲法九条の下で、政治は手かせ足かせをはめられながら、不自由な中で安保・外交政策が展開されてきたわけだが、これがいったい、どのような理屈で転換されたのかを、改めて確認しよう。

前にも述べたように、閣議決定の特徴は、従来の政府解釈の基本的な論理の枠内にとどまるとして、継続性を装っているところにある。閣議決定いわく、基本的な論理とは、こうである。

憲法第九条はその文言からすると、国際関係における「武力の行使」を一切禁じているように見えるが、憲法前文で確認している「国民の平和的生存権」や憲法第一三条が「生命、自由及び幸福追求に対する国民の権利」は国政の上で最大の尊重を必要とする旨定めている趣旨を踏まえて考えると、憲法第九条が、我が国が自国の平和と安全を維持し、その存立を全うするために必要な自衛の措置を採ることを禁じているとは到底解されない。一方、この自衛の措置は、あくまで外国の武力攻撃によって国民の生命、自由及び幸福追求の権利が根底から覆されるという急迫、不正の事態に対処し、国民のこれらの権利を守るためのやむを得ない措置として初めて容認されるものであり、そのための必要最小限度の「武力の行使」は許容される。

そして、同じ七月一日の閣議で、いわゆる武力の行使の「新三要件」として、①我が国に対する武力攻撃が発生したこと、又は我が国と密接な関係にある他国に対する武力攻撃が発生し、これにより我が国の存立が脅かされ、国民の生命、自由及び幸福追求の権利が根底から覆される明白な危険があること、②これを排除し、我が国の存立を全うし、国民を守るために他に適当な手段がないこと、③必要最小限度の実力行使にとどまるべきこと、が示された。これは集団的自衛権の「限定容認」であるとされ、現行憲法の下で認められる最大幅であることは、政権の強調するところである。

この変更において、「自衛の措置」という言葉がポイントとなっている。この閣議決定までは、日本で「自衛の措置」というと個別的自衛権の行使を意味していた。先にも述べたように、従来は憲法九条の下で例外的に許される武力行使は、日本に「外部からの武力攻撃」がある場合と解釈されてきた。それが、閣議決定によって、他国への武力攻撃も含めて、「我が国の存立」を全うするための「自衛の措置」が語られるようになったのである。

つまり「自衛の措置」という概念を操作して意味を変えたのが、この閣議決定である。「自衛の措置」という言葉を一段階、抽象的なものにして、その抽象化された概念の下に、個別的自衛権と集団的自衛権がぶら下がっているという構造に変化している。

なんとなく、これまでと変わらないように思われるかもしれないが、たとえていえば、平面から立体へ、あるいは平屋建てから二階建てに改築されたような、大きな変化である。目には見えない概念の話なので、生じたことがわかりにくい。

閣議決定では、集団的自衛権が必要になった理由は、「国際的なパワーバランスの変化」、「技術革新の急速な発展」、「大量破壊兵器などの脅威等によって、日本を取り巻く安全保障環境が根本的に変容しつつある状況があること」に求められている。

しかしこの「安全保障環境の変化」という言葉は、これまでも政策変更の際の枕詞のように使われてきた。安全保障環境は常に変化するものであるから、単に「安全保障環境の変化」というだけでは、理由としては漠然としている。具体的にどういう点にどのような変化が生じていて、どういう政策変更を必要としているかの説明は、二〇一五年の国会審議を含めても、全くもって十分とはいえないものだった。

しかも、閣議決定の冒頭部分では、「脅威が世界のどの地域において発生しても、我が国の安全保障に直接的な影響を及ぼし得る状況になっている」という認識を示しているのである。

閣議決定は、「我が国の存立」について、他国に対して発生する武力攻撃であったとしても、「その目的、規模、態様等によっては、我が国の存立を脅かすことも現実に起こり得る」という。世界のどこで起こっても「我が国の安全保障に直接的な影響を及ぼし得る」というのであるから、世界のどの地域で発生しても、「必要な自衛の措置」をとるべき事態となる潜在的な可能性があるといえる。

このように、「必要な自衛の措置」の中身を読み替えることにより、集団的自衛権も行使できるようにしたため、武力行使に関わる自衛隊法の条文の改正が必要なかったことに注意を払いたい。自衛隊法八八条は、「第七十六条第一項の規定により出動を命ぜられた自衛隊は、わが国を防衛するため、必要な武力を行使することができる」という条文である。従来の解釈では、これが関係するのは個別的自衛権の場合であり、「武力攻撃が発生する明白な危険が切迫している事態」であっても、「我が国に対する武力攻撃の発生」はないので、防衛出動はできても武力行使はできなかった。

しかし閣議決定による解釈変更の結果、新たに含まれることになった集団的自衛権を行使する事態もまた「我が国を防衛するため」に入り、我が国に対する武力攻撃が発生していないときにも「必要な自衛の措置」がとれることになったため、八八条という条文は変わらないままに、武力の行使についての大転換が実現したのである。ここからも、政府の憲法解釈の変更が最大のポイントであって、やはり七月一日の閣議決定が根っこなのであることがわかる。

集団的自衛権の行使容認は、「自衛の措置」という同じ言葉が使われながら、意味内容を変更することで、突破された。この手法は、「積極的平和主義」を通して「平和」の読み替えがなされるのにも使われたことは先に見たところである。また他にも「我が国の安全保障」といった言葉についても行われている。

「我が国の存立」

さて、「外部からの武力攻撃」と比べても明らかなように、「我が国の存立」はボンヤリした抽象的な概念である。「経済的権益」や「同盟関係」に関する十分な情報を持たない限りは判断のできない要素も含まれており、最終的には時の政権に認定の判断を委ねざるをえない。それらの重要なものには、当然、特定秘密の指定がなされることであろう。つまり、簡単にいえば、集団的自衛権の行使についての判断は、「政府におまかせください」ということである。

存立危機事態について、安保関連法審議のなかでも、「個別具体的な状況に即して、政府がすべての情報を総合的に、客観的かつ合理的に判断する」ので何がその事態に当たるかは一概にはいえないという答弁は、何度となく繰り返された。攻撃国の意思や能力、発生場所、事態の規模に加え、日本に戦禍が及ぶ蓋然性や国民が被る犠牲の深刻性などを根拠にするという。また、戦禍が及ぶ蓋然性については、我が国が爆撃の対象になる場合に限られるものではないことも示された。「我が国の存立」という概念は伸縮自在であるため、本書が強調してきたような、国家の実力の統制という観点からすれば、あまり頼りにならない。理屈ではなく政策的な判断が優先するであろうこと、すなわち「論理による統制」が持っていた力は格段に弱くなった。

存立危機事態の例として、当初はホルムズ海峡の機雷封鎖が何度も挙げられ（ただし、のちには「現実の問題として発生することを具体的に想定しているものではない」と引っ込められた感がある）、さらに「我が国において生活物資の不足や電力不足によるライフラインの途絶が起こるなど、単なる経済的影響にとどまらず国民生活に死活的な影響が生じるような場合」も挙げられた（二〇一五年五月一八日、参議院本会議、安倍首相）。限定的というのはうわべだけのものであって、曖昧であり、限界がないことが明らかとなった。

元内閣法制局長官・阪田雅裕氏は二〇一五年六月二二日の衆議院特別委員会で参考人として、次のように述べている。新しい政府見解は、善意に解釈するならば、「これまでの政府の憲法九条の解釈と論理的に全く整合しないというものではない」。しかし、「中東有事にまで集団的自衛権の出番があるということだといたしますと、これは限定的でも何でもない、実は、単に我が国の重要な利益を守るために必要があると判断すれば集団的自衛権を行使できるんだと言っているのに等しいと思わざるを得ません。もしそうだとすると、これは到底、従来の政府の解釈の基本的な論理の枠内であるとは言えなくなります」、と。

昭和四七年見解

先に見た閣議決定のいう「基本的論理」は、一九七二(昭和四七)年に政府が示した見解に大幅に依拠している。しかし、もともとこれは、集団的自衛権の行使が憲法九条との関係で許されないことを説明する文書であり、なにゆえに行使しえないとされていたのが、行使しうる理由になるものなのか、根拠としてありえないことであると広く批判され、国会でも大いに問題とされた。

政府は、四七年政府見解を、三つの部分に分けて、それらが「基本的な論理」ないし「規範」と「当てはめ」の関係にあると説明した。「論理」は変わらないが、「当てはめ」は時代の変化で変わるのだという。

つづめていうと、その主張はこうである。(一)九条があるとはいえ、前文と一三条からすれば、自衛の措置をとることは禁じられていない、(二)自衛の措置は必要最小限にとどまるべきものである。以上が、「基本的な論理」である。そして、(三)集団的自衛権は行使しえないという部分は「当てはめ」である、という。

しかし、これまでの政府見解においては、歴代の法制局長官も述べてきたように、論理的解釈の帰結として集団的自衛権は行使しえないとされてきたものであり、つまり(三)は論理の一部であったというべきであり、「論理」を「当てはめ」に変えるというのは、いかにも無理な解釈であろう。

二〇一五年六月二二日の衆議院特別委員会で、宮崎礼壹・元内閣法制局長官は参考人として意見を陳述し、「憲法九条の下で認められないことは、我が国において確立した憲法解釈で、政府自身がこれを覆すのは法的安定性を自ら破壊するものだ」と指摘した。その通りである。

ところで二〇一六年三月一日の衆議院予算委員会で安倍首相は、自民党の改憲草案の提案通りに国防軍が設置されるとなると、集団的自衛権は全面的に認めることになるとの理解を、あっさりと示している。つまり、「在任中に」と意欲を燃やす憲法改正で、九条が改正されて国防軍が設置されるならば、二〇一四年から一五年にかけて、膨大なるエネルギーを傾注してなされた、「集団的自衛権が既存の「基本的論理」と一致している」といった説明は全く不要になるわけである。

とすると、うがった見方にすぎるかもしれないが、「政府は無理な解釈をした」と広く国民に思わせることは、目論見の一つだったのではないのかという気もしてくる。法制局長官が無理な解釈を長々と開陳し、元長官にも法的安定性を破壊すると批判されて、国民に「あれはさすがに無理だったよね」と印象づけたことは、「そうであるからこそ、まともな理屈が立てられるように憲法改正すべきだ」という議論展開の前哨戦のようにもみえる。

いずれにせよ、二〇一五年の夏、国会での答弁は、無理屈のための理屈を論じる、不毛な議論に貴重な時間を費やし、具体的な、安保法制の法制度上の問題点に踏み込む十分な時間がなかったことを改めて確認したい。

集団的自衛権の国内実定法化は、理屈として詰め切られないままになされたのであった。たとえば、存立危機事態と武力攻撃事態等との関係について、「存立危機事態に該当するような状況は同時に武力攻撃事態等にも該当することが多いと考えられますが、一方で存立危機事態に認定されるような場合が同時に我が国に対する武力攻撃が予測又は切迫しているとは認められないこともあり得るということでございます」という答弁がある（二〇一五年八月二六日、参議院特別委員会、中谷防衛大臣)。要するに、日本に対する武力攻撃が「予測」も「切迫」もしていないのに、存立危機と認定されるケースがあるというのだが、なぜそれが「我が国の存立の危機」なのだろう。武力攻撃事態は地方公共団体や国民にも負担を課す国民保護法制に連動するだけに、関係がもっとクリアに説明されるべきであったが、曖昧に残された。

そしてこの間も、着々と「日米同盟の深化」は続いていて、一体化が進んでいる。国民の目を眩ませ、本当は問わねばならなかった問題を、もし意図的に可視化しなかったとしたら、そのツケを、誰がいつ払うことになるのだろうか。

どういう国にしたいのか。集団的自衛権の行使とは、他国防衛のために武力に訴えることを意味する。殴る側に回ることの意味は何か。「殺し、殺される」ことを国民は自らのこととして自覚できているのか、こういったことが、本当は、問われなければならないはずだった。こういうことを論じないまま、国の進む方向が変えられてしまったのは、私たち市民にとっても、後悔と反省の対象でなければならない。

砂川事件

政府は集団的自衛権を正当化するために、砂川事件最高裁大法廷判決(一九五九年一二月一六日)を使っている。この事件は、集団的自衛権行使容認の根拠として政権側から何度も持ち出され、すっかり世に知られるようになった(砂川事件判決について二三七頁以下も参照)。

判決の「わが国が、自国の平和と安全を維持しその存立を全うするために必要な自衛のための措置をとりうることは、国家固有の権能の行使として当然のことといわなければならない」という部分について、「必要な自衛のための措置をとること」に集団的自衛権が含まれているとか、あるいは論理的に排除されていないという主張がなされたのであった。

砂川事件判決を根拠とすることへは、憲法学者をはじめ批判が強いが、二〇一六年に入ってからも、依然として権威として使われ続けている。一月二七日の衆議院本会議でも、政府見解は砂川事件に関する最高裁判決の考え方と軌を一にすること、憲法解釈を最終的に確定する権能を有する唯一の機関は最高裁判所であり、法制はその考えに沿って、判決の範囲内のものであり、憲法に合致したものであることが、安倍首相により答弁されている。

しかし、そもそも砂川判決は旧安保条約に基づく駐留米軍の憲法九条二項との適合性が争われた事件であり、一九五九年に出された判決である。日本政府が集団的自衛権の行使は憲法上許されないとの見解を明確にして繰り返し表明するようになったのは、六〇年以降のことであり、集団的自衛権も自衛の措置に含まれるとか、砂川判決によって否定されていないなどという理解が示されたことは、法にたずさわる多くの者にとって青天の霹靂であった。阪田雅裕・元内閣法制局長官も「半世紀近く経て、「振り返ってみると解釈が違う」と言われても、時効というのか、時宜を失した抗弁としか思えません」と述べている（前掲、青井・阪田対談、「世界」二〇一四年五月号）。横畠内閣法制局長官も、砂川判決が集団的自衛権について触れているわけではないと認めている。

砂川事件で問題となった旧安保条約では、日本については占領の継続としての基地の提供が義務として語られていたのであって、武力の行使によって他国を防衛するなど、議論の射程外であり、また想定外である。もっといえば、砂川判決は自衛権のために当然に戦力を持ちうるということについてさえ、判断を明確に示していないのである。当時、戦力か、実力かは憲法解釈上、大きな違いだったからこそ、「同条（憲法九条）二項がいわゆる自衛のための戦力の保持をも禁じたものであるか否かは別として」、「憲法九条二項が、自衛のための戦力の保持をも許さない趣旨のものであると否とにかかわらない」と、奥歯に物の挟まった言い方しかできなかったのだった。この判決を論拠として集団的自衛権の行使容認を正当化することはできない。

国民の生命、自由及び幸福追求の権利

憲法一三条は、「すべて国民は、個人として尊重される。生命、自由及び幸福追求に対する国民の権利については、公共の福祉に反しない限り、立法その他の国政の上で、最大の尊重を必要とする」と謳っている。二〇一四年七月一日の閣議決定や安保関連法の正当化の際にポイントとなったのが、この「国民の生命、自由及び幸福追求の権利」であった。しかし、この点には、従来の政府の説明では、必ずしも重心を置かれてはきていなかったことに注意したい。これまで九条についての政府解釈は、「主権国家としての固有の自衛権」という国際法上の自衛権を用いて、独立国である以上、否定されないと説明してきた。集団的自衛権行使容認後の『平成二七年版防衛白書』においても、次のように説明している。

恒久の平和は、日本国民の念願である。この平和主義の理想を掲げる日本国憲法は、第九条に戦争放棄、戦力不保持、交戦権の否認に関する規定を置いている。もとより、わが国が独立国である以上、この規定は、主権国家としての固有の自衛権を否定するものではない。政府は、このようにわが国の自衛権が否定されない以上、その行使を裏づける自衛のための必要最小限度の実力を保持することは、憲法上認められると解している。このような考えに立ち、わが国は、憲法のもと、専守防衛をわが国の防衛の基本的な方針として

実力組織としての自衛隊を保持し、その整備を推進し、運用を図ってきている。

このように「国際法上の自衛権」から議論を出発させるのであり、また自衛権はもともと国際法上の概念なので、憲法上の根拠について、別に論じなくてはならないものではない。憲法上の根拠を論ずることはできるが、不可欠ではなく、しなくても良い。そして国際法上の自衛権の概念についても、それが必要となったのは、第一次世界大戦後の、戦争が違法とされてからであった。国家には戦争に訴える権利があると考えられていたことから、「自衛のためだから」と説明する必要はなかったのである。

つまり、九条の解釈に必須ではなく、直接的には依拠されていなかった憲法一三条が、議論の帰趨を握るカギとなっているのである。

朝日新聞政治部取材班『安倍政権の裏の顔――「攻防　集団的自衛権」ドキュメント』によると、「国民の生命、自由及び幸福追求の権利が根底からくつがえされるという急迫、不正な事態」という解釈変更にとって中心となる理屈を提供する七二年見解の原文は、しかし、「なかなか見つからなかった。七二年見解が提出された参院決算委員会や内閣法制局になかった。……防衛省にあった」という。つまり、このことにも明らかなように憲法一三条の文言をテコにする解釈は、それまで原文を手にいれるのも困難なマイナーな存在だったのが、一気に脚光をあびることとなったのである。

もっとも、これまで一三条に触れる議論がなかったかというと、もちろんそうではない。学説でも、自衛権の憲法上の根拠を一三条に求めて、国家は国民の生命・自由・財産を守るために、国外から加えられる急迫不正の侵害を積極的に排除することが要請されるという議論はあった。

しかし、憲法一三条を使って、国の安全を確保する責任を一般的に政府に認め、国の実力組織のなしうることを拡大することには、政府も学説もこれまでは謙抑的であったのではないか。二〇一四年閣議決定より前によく引用されていた一九八一年の政府見解は、「九条の下で許容されている自衛権の行使は、我が国を防衛するため必要最小限度の範囲にとどまる。集団的自衛権を行使することは、その範囲を超えるもので、憲法上ゆるされない」としており、一三条に触れていなかったことを想起したい。

むしろ九条は「一三条による自衛権論によって「戦力に至らない自衛力」を根拠づけることを否定したもの」(樋口陽一「戦争の放棄」、樋口他著『注解法律学全集 憲法I』所収)という理解がとられていたものであったと思う。

国家の存続のためには、国民の自由が犠牲にされる危険性が常にある。特に全体主義によって個人を圧殺した過去の反省は、日本国憲法下において国家や国民の安全について考える際にも、徹底して個人の視点に立つことを要請する。そのため「武力による平和」への深い懐疑が、個人の自由という視点からは引き出されるのである。軍事力はいかなる理由であれ、いったん行使されれば、誰かしら、特に弱い人間から先に、犠牲を強いられることになるからである。

そもそも憲法一三条とは、「国家の存続」という、誰にも否定することができない公益がふりかざされることに異を唱える、最後の方法にこそならねばならないのではないか。憲法九条の下で「国民の生命、自由及び幸福追求の権利」を用いて、国家が武力を行使できるケースを増やすことに、筆者は違和感を禁じえない。

もし憲法九条をもちつつも、「国民の生命、自由及び幸福追求の権利」のために、国には安全を確保する義務があるということを正面から認めるとなると、相当に議論のあり方はこれまでとは変わるはずである。なぜなら従来の政府解釈は、これに比べれば「自衛権が否定されない」、「例外的に武力行使できる場合がある」という、迂遠な、遠慮がちな議論だったのであり、そのために面倒な議論をたくさんしなければならなかったからである。それが不要となることをも意味するのである。

第三章　限界に達している

前章でも見たように、例外的に武力行使が許されるという、本書でいう「議論A」を拡張することは論理の上で容易ではないため、自衛隊の活動領域や内容を広げるためには、「武力の行使に当たらないから許される」という「議論B」が活用されざるをえなかった。その結果、特に海外での活動など、論理的整合性の限界に達していると思われる問題領域が数多くある。

そして、そのような問題について、二〇一五年夏の安保関連法整備では、十分な議論をしないままに法制化してしまったことを、私たちはよく認識しなければならないだろう。

たとえば、後でも見るように、南スーダンでのＰＫＯ活動は、日本が引き返せないポイントとなってしまうかもしれない。今日のＰＫＯ活動に日本の法制が対応できていないことは、国会審議でも繰り返し指摘されていた。それでもなお、それらの指摘に耳が傾けられなかったのである。

この点もまた、うがった見方かもしれないが、議論を詰めることなくあえて不安定な状態にして、万一の悲劇を、抜本的に制度変更する機会としようとしているのではないかという疑念さえ浮かぶ。あってはならないことだが、もし仮にそういうことになるとしたら、それはもはや「政治手法」とは呼べまい。

本章では、一端を見るに過ぎないが、いくつか例をあげながら、論理のひきのばしがもたらしたことについて考えていきたい。

「国連平和維持活動」(国連PKO)

自衛隊は、そもそも海外で展開することを想定された組織ではないが、冷戦後の新しい国際秩序の中で、日本は政策として自衛隊を「活用」する選択肢を選んだ。

国連憲章は、平和の破壊者や侵略者に対して、加盟国が部隊を提供した国連軍をもって対処することを想定していたが(第七章の集団安全保障制度)、東西冷戦によってこれは機能しなかった。そこで、世界各地の紛争地域の平和の維持または回復を図る手段として、憲章上は明文の規定はないものの慣行を通じて発展してきたのが、非強制性及び中立性を特徴とする国連平和維持活動(国連PKO)である。

冷戦終焉後、日本は自衛隊の活動をこのような任務に広げたわけだが、それは理屈のうえでは容易ではなかった。一九八〇年の政府見解によれば、「国連軍の目的・任務が武力行使を伴うならば、自衛隊はこれに憲法上参加することができないが、武力行使を伴わないのであれば、参加することは許されないわけではない。ただし、自衛隊法上、そのような任務が与えられていないので参加できない」とされていた。

そこで自衛隊法八章の雑則のなかに、防衛という本来の任務に支障を及ぼさない限りで行うことのできる「付随的任務」として、国際平和協力業務の実施を書き入れることによって問題を解決し、国連PKOに協力できる体制を整えたのが一九九二年に成立したPKO法であった。

そして防衛庁が防衛省へと移行した際に、これは本来任務化されている(二〇〇七年施行)。この時には、新しい自衛隊の本来任務として、「我が国周辺の地域における我が国の平和及び安全に重要な影響を与える事態に対応して行う我が国の平和及び安全の確保に資する活動」と、「国際連合を中心とした国際平和のための取組への寄与その他の国際協力の推進を通じて我が国を含む国際社会の平和及び安全の維持に資する活動」が認められたのだった。そのため国際緊急援助やPKO活動、そしてイラク特措法(二〇〇九年に失効)に基づく活動などが一括りにされて、かなり広範囲の国際的な協力活動が、本来任務とされた。

さて、本節の注目するPKO活動であるが、国連PKOは、当初から今日に至る過程でその性格を大きく変えてきたという事実を認識しておくことが重要である。もはや、日本がＰＫＯ法を制定して協力へと乗り出した頃とは、状況が変わってしまっているのである。すなわち国連ＰＫＯ活動の多くは、日本のＰＫＯ法が前提に考えている任務を超えて、紛争地で避難民ら文民を保護する「積極的ＰＫＯ」へと、その幅が広げられている。

そのような方向への転機になったといわれているのが、一九九〇年代前半に、旧ユーゴスラビアやルワンダで、ＰＫＯが展開していたものの、自衛以外での武器使用が認められていなかったことにより、紛争地域内の虐殺をとめられなかったという事件であった。そこで九九年の、アフリカ西海岸のシエラレオネＰＫＯ活動から、積極的ＰＫＯが始まったのである。これは現在では国連ＰＫＯ活動の過半数を占めている。

積極的ＰＫＯでは、「全紛争当事者の受け入れ同意」、「中立的立場の厳守」、「自衛以外の武器不使用」という伝統的三原則が見直された。「主要な紛争当事者の同意があれば足りる」とされ、国連に従わない紛争当事者には懲罰的な措置を取ることもできる。

つまり同意しない者がいることが前提となっているのであり、妨害の恐れが具体的に、また現実的にあるからこそ、武器使用原則が、開始時からの「自衛以外の武器の不使用」から、「任務防衛のための武器使用の許容」へと転換したのである。

二〇一五年の安保関連法案審議の際に国会で、国連職員として世界の紛争解決にあたってきた伊勢崎賢治・東京外国語大教授が参考人としての意見陳述の際に、次のように警告を発していた。「昔と違って、停戦合意が破られたからといって撤退することはできません。そんなんだったら、最初から来るなということです」(二〇一五年七月一日、衆議院特別委員会)。

日本がＰＫＯ活動をしている南スーダンでも、積極的ＰＫＯが展開している。二〇一一年に南スーダンが独立して国連ＰＫＯが開始され、日本は一二年一月から平和協力隊を派遣しているところである。南スーダンは一三年一二月に内戦状態となり、治安が悪化したため、文民保護のための自衛を超えた武器使用が国連安保理決議によって認められている(二〇一四年五月二七日、決議二一五五号)。

日本で治安維持を担当するのは警察であり、「平時」において自衛隊は武器の使用を原則として許されていない。そしてＰＫＯは「有事」ではない。そこでＰＫＯ活動における武器使用については、次のような理由を軸として認められてきた。

「「武器の使用」が、すべて同項(憲法第九条一項)の禁止する「武力の行使」に当たるとはいえない。例えば、自己又は自己と共に現場に所在する我が国要員の生命又は身体を防護することは、いわば自己保存のための自然的権利というべきものであるから、そのために必要な最小限の「武器の使用」は、憲法第九条第一項で禁止された「武力の行使」には当たらない」、と（一九九一年九月二七日、政府統一見解）。

その後、自己保存のための自然的権利で防護できる対象は広げられてきており、隊員の自然権的武器使用は上官命令により「束ね」られてきている。つまり、そもそもの、「自然的な権利である」という説明からすれば、実態は大きく乖離してきているのである。

また、政府解釈は、「国家や国家に準ずる組織でなければ、武器を使用しても国際法上の武力行使とならない」としてきた。相手が「国」や「国に準ずる組織」（以下、国準とする）ならば武力行使、相手がそうでなければ「武器の使用」となるという二分法である。いずれも日本の独自解釈であり、国際的に通用するものではない。これについても、伊勢﨑氏は国会で、「国家もしくは国準でなければ、こういうふうに日本が勝手に想定して、国家もしくは国準でなければということで、国際人道法に関係なく殺せるというふうにこれはとれますので、もしこれを英語に訳して発信したら大変なことになります。ぜひしないでいただきたいと思います」と述べている。このように、日本のPKO法と現実のPKO活動がかみ合わない中、南スーダンが緊迫度を増している。

二〇一六年二月四日の衆議院予算委員会では、共産党の志位和夫委員が、本年一月二一日にだされた直近の南スーダンについての国連報告書「南スーダンの長期化する紛争下での人権状況」を示して、まさに武力紛争が続いていることを指摘した。この報告書は、「情け容赦ない戦闘とその多方面にわたる影響」を述べ、「民間人全体の人権と生活条件に対する重大な衝撃を与えている」こと、「紛争当事者たちは、礼拝所や病院といった伝統的な避難場所、そして、時として国連の基地まで攻撃しているので、紛争地域で安全な場所は極めてわずかになった」と報告している。

これに対して岸田文雄外相の反応は、政府は、「現地に派遣されている要員からの報告、そして我が方の大使館、そして国連からの情報、こうしたものを総合的に勘案して状況を判断しております。その上において、武力紛争が発生しているとは考えていないと申し上げている次第であります」というものであった。政府は、「PKO法上の紛争当事者は存在しない」という立場をとり続けている。

PKO法をはじめとして、海外で任務を展開する法全般の「つくり」についてもいえるのだが、法にのっとって行えば、自衛隊員による任務の遂行は憲法の禁じる武力の行使を行ったと評価されることはないという、技巧的なものであることに注意を払いたい。つまり、実体的に、ある事実や事実の集積が、武力の行使に当たるかどうかは、問われない。業務を行うに際し、

ＰＫＯ参加五原則が満たされており、かつ「派遣先国および紛争当事国の受け入れ同意の安定的維持が認められる必要がある」、すなわち「国家または国家に準ずる組織が敵対的なものとして登場しないこと」が前提になっている。したがって、業務を行いうると判断されたならば、武器使用をしても、理論上、憲法が禁じる武力行使に当たると評価されることはないのである。これは司法による事後的な評価をも避けうる理論構成である。

二〇一五年の安保関連法整備による改正ＰＫＯ法では、「住民保護、特定地域の治安維持活動」(三条三号ト)、「駆けつけ警護活動」(三条三号ラ)、「宿営地共同防護」(二四条七項)、「任務遂行のための武器使用」(二六条一項)も可能とされている。避難民保護のため、反政府武装勢力との戦闘も、法律上、可能となる。

しかしそれは内戦の片方に加担することに他ならない。内戦状態で、対立する集団のどちらかに銃を向ければ、もう一つの側からすれば敵となる。住民保護のために戦うということは、国際人道法上の紛争当事者となることを意味するのである。さらに、誤って市民を殺したら、犠牲となった人の部族による報復攻撃も当然、想定されなくてはならない。自衛隊員が国際人道法違反行為をしたらどうなるか、捕虜になった場合にはどうかということ(後述する)は、国会でも質問された事項であるが、政府は真正面からこれらの問題を扱うことがなかった。

現地で活動する日本の人道支援NGOは、敵・味方の図式に、否応なくはめられてしまうことになるが、中立性が何よりも重要である人道支援にあっては、紛争に巻き込まれるリスクも高まってしまうのである。先に見たような法の仕組みにおいて、自衛隊を送り出すことの危険性や紛争地で活動しているNGOへの危険性は、十分に考慮に入れられているとはいえない。

これは尋常なことではない。伊勢﨑氏が国会での意見陳述の最後に述べた「自衛隊の根本的な法的地位を国民に問うことなしに、自衛隊を海外に送ってはなりません」という言葉は、真剣に受けとめられなければならない。

武力行使一体化論

「武力行使一体化論」は、二〇一五年の安保関連法整備でも議論そのものは維持されている。これもまた、前にあげた「議論B」、すなわち「武力行使に当たらないから合憲」という理屈である。

一体化論とは、他国軍隊への自衛隊の支援活動は、憲法九条一項の観点から、他国の武力行使と「一体化」すると評価されることがあってはならないが、一体化しない限りにおいて自衛隊の活動は合憲であり、許されるとするものである。これは自衛隊の海外展開任務において、長年にわたり維持されてきた。

一体化論の形成として、周辺事態法（一九九九年）と、テロ特措法及びイラク特措法をふり返っておこう。まず周辺事態法の例を見ると、これは、主として朝鮮半島有事（安保六条事態）に際して行動する米軍への協力等の防衛協力のあり方について定められた一九九七年の日米ガイドラインの関連法として制定された。武力攻撃を受けていないのに、日本領域を超える地域（海外）において対米軍事支援のために自衛隊が出動する可能性が生じた点で、従来のあり方から変わる大きな一歩であった。

周辺事態において日本は「有事」ではなく「平時」であるため、「そのまま放置すれば我が国に対する直接の武力攻撃に至るおそれのある事態等我が国周辺の地域における我が国の平和及び安全に重要な影響を与える事態」（周辺事態法一条）への対処として自衛隊のなしうる活動は、武力の行使に当たらない限りで正当化される。

戦闘が行われている領域とは概念上区別された「後方地域」における支援活動は、戦闘とは関係がなく、憲法の禁ずる武力の行使には当たらないという説明がされた。具体的な対応措置としては、後方地域支援（補給、輸送、修理・整備、医療、通信等）と後方地域捜索救助活動がある。

そしてテロ特措法とイラク特措法について見ると、テロ特措法は「国際的なテロリズムの防止及び根絶のための国際社会の取組への、わが国の積極的な寄与」などを目的として掲げており、同法に定める自衛隊が行う活動は、協力支援活動、捜索救助活動、被災民救援活動の三つであった。政府は「武力行使は伴わない非戦闘地域での支援である」という説明をし、活動実施区域は、(1)わが国の領域、(2)現に戦闘行為が行われておらず、かつ、そこで実施される活動の期間を通じて戦闘行為が行われることがないと認められる公海及びその上空、そして(3)外国の領域で活動する場合には当該外国の同意がある場合に限られるとされていた(テロ特措法二条三項。ただし(3)は基本計画には盛り込まれなかった)。

イラク特措法は、イラクの復興支援のための活動として、イラク国内非戦闘地域での人道復興支援活動、安全確保支援活動を掲げている。これらの活動についても、その実施主体は主として自衛隊であり、法の構造や活動実施区域についても、ほぼテロ特措法と同じであった。ただし(3)に関し、イラクにあっては、国連決議に従ってイラクで施政を行う機関の同意があれば当該外国の領域で活動できることとされ(イラク特措法二条三項一号)、陸上自衛隊が派遣されたのであった。

非戦闘地域とは、他の国では一般に軍事行動と理解される兵站《へいたん》活動などを、憲法で禁止された武力行使に当たらないとするための、技巧的な概念ではあった。また、国際法の観点からすれば、日本がいくらそのような解釈をしたところで、他国軍への支援活動が「軍事活動へ効果的に貢献」しているとして合法的に攻撃対象とされるであろうことが指摘されうる(「一九四九年八月一二日のジュネーヴ諸条約の国際的な武力紛争の犠牲者の保護に関する追加議定書」五二条二項)。

つまり、武力の行使に当たらないといくら政府が説明したからといって、攻撃対象から免れうるものではないため、武力攻撃への対処の必要性が常に考えられなければならない。そこで法律の構成上は明示されていないものの、周辺事態(日本平時)が武力攻撃事態(日本有事)と並立することは、実効的な運用上、後方支援の前提要件だったといえるし、実際のところ政府も並立すると認めてきたのだった。「平時」の背後に「有事」が隠れているのであり、このことを顕在化させないような工夫が必要となる。

そこで、このような問題意識からすると、一体化論の現実の役割としては、砲弾の届かないところに活動が限定されることで、事実上、隊員を攻撃対象となることから免れさせるという(イラク派遣のようにそうではないことも起こりうるが)、極めて実務的な解釈だったと言える。つまり、憲法と国際法との間を、ギリギリ綱渡りするような工夫であり、憲法に適合するというための理屈であると同時に、自衛隊員の安全を確保するという性格を併せ持つものであった。

しかし、二〇一五年の周辺事態法の改正においては、「現に戦闘行為が行われている現場」

では実施しないと変更され、捜索救助活動については、戦闘行為が行われるに至っても「既に遭難者が発見され、自衛隊の部隊等がその救助を開始しているときは、当該部隊等の安全が確保される限り」(重要影響事態法七条六項)、活動できるとされている。「現に戦闘行為が行われている現場」でなければ、そこで実施する日本の支援活動は、そもそも当該他国の武力行使と一体化するものではないという考えによることになったのである。状況の変化に応じて、その場所が「現に戦闘行為が行われている現場」になる場合には、その活動を休止・中断すればよいと説明されている。さらに、後方支援活動の内容として、弾薬の提供や、戦闘行為のために発進準備中の航空機に対する給油・整備まで許容することとされた。

先に述べたように、一体化論の現実的なメリットが、物理的に弾が飛んでこないところで活動することにより自衛隊員の安全を確保することにあったとしたら、それがなくなる以上、これまでは見えにくかった問題が喫緊の課題として一気に前面に出てくるのは当然であり、対処が迫られる。

たとえば「後方支援活動と捕虜」という問題が国会でも取り上げられたが、政府によると、ジュネーブ諸条約上の捕虜は、紛争当事国の軍隊の構成員等で敵の権力内に陥ったものをいうため、「いわゆる後方支援と言われる支援活動それ自体は武力行使に当たらない範囲で行われるものであります。我が国がこうした活動を非紛争当事国として行っている場合について申し上げれば、そのこと自体によって我が国が紛争当事国となることはなく、そのような場合に自衛隊員がジュネーブ諸条約上の捕虜となることは想定されないと考えます」(二〇一五年七月一日、衆議院特別委員会、岸田外務大臣)という。しかし、武装している以上は、文民特権を主張することもできないのであり、隊員はたいへん不安的な法的地位に置かれる。

また結局のところ他国軍の後方支援活動は、「武力の行使に当たらないからできる」という本書のいう「議論B」に整理される活動であったが、「例外的に武力行使ができる」という「議論A」(個別的自衛権・集団的自衛権の行使)に収斂する可能性がある。これまでの政府解釈によると、武力の行使に当たらない後方支援活動が、組織的・計画的な武力攻撃の対象となるなら、個別的自衛権が当然に発動する。さらに、この場合は、自衛隊法七六条一項一号(従来の防衛出動)の規定で防衛出動することになるのであるから、国内の対処措置(自衛隊法一〇三条等)も含めて、連動することになる。とすると新たに設けられた七六条一項二号(存立危機事態での防衛出動)が、現行法上、国内対処措置の発動と非連動とされていることには、あまり意味のないこととなる。

では、一体化論の今後をどう考えたらよいのだろうか。情報公開請求がされて開示された文書によると、外務省が部内研究のために二〇〇四年に八回にわたり開催した研究会では、「国際平和協力の在り方について政府内での検討を進めるため、日本国憲法解釈としての「武力の行使の一体化」に当たる行為（活動）の評価を、国際法の立場から検証するとともに、憲法という国内法の側面及び国際政治という政策的見地から分野横断的に改めて論点を整理することを目的」として議論がされた。その第二回会合では次のような理解が出席者から示されている。

国際法から見たときに九条一項は開戦法規（jus ad bellum）に関する規定であり、二項は交戦法規（jus in bello）に関する規定である。一体化論は、開戦法規の枠組みを前提としてきたが、本来これは、交戦法規の話ではないか、と（以上について、「軍事民論」五六八号、二〇一五年五月）。

確かに、もともと一体化論は武力行使の禁止という憲法上の制約との整合性をとるための議論であるから、開戦法規の規律に関するルールである。しかし実質的に武力の行使の場面と重なるようになった以上、実態に即した議論が求められる。先述のように、砲弾が届かないことをもって武力の行使から自衛隊を現実に引き離すという機能も、もはや現行法制では無くなった。紛争から中立である国家（中立国）としての権利や義務、そして非交戦国という地位（交戦国でも中立国でもないという地位）のメリットについての綿密な検討を必要とする時期に至ったといえる。国際法上の議論とのすり合わせが真剣にされるべき段階にきているのだろう。

武器等防護

法的整合性が限界に達している他の例として、「武器等防護」を挙げよう。

自衛隊法九五条は、「自衛官は、自衛隊の武器、弾薬、火薬、船舶、航空機、車両、有線電気通信設備、無線設備又は液体燃料を職務上警護するに当たり、人又は武器、弾薬、火薬、船舶、航空機、車両、有線電気通信設備、無線設備若しくは液体燃料を防護するため必要であると認める相当の理由がある場合には、その事態に応じ合理的に必要と判断される限度で武器を使用することができる。ただし、刑法第三十六条又は第三十七条に該当する場合のほか、人に危害を与えてはならない」と定めている。この武器等防護における武器の使用は、警察権行使の一環として位置付けられている。

防衛法制整備に深く関わった安田寛によれば、武器等防護は「本来の任務の遂行のための前提をなすという意味では任務行為」であり、「奇襲に対する対処を隊員個人ないしその集団の正当防衛・緊急避難によって正当化しようとするのは正しくない」(『防衛法概論』)。また国会答弁として、「我が国を防衛する物的手段である自衛隊の武器等の破壊または奪取から当該武器を守るために、非常に限定的な要件のもとに認められる武器使用であり、人命を防護するための自然的権利に匹敵する重要な基本的権利」という旨のものがある(一九九九年三月二六日、衆議院・日米防衛協力のための指針に関する特別委員会、大森政輔内閣法制局長官)。

武器等防護では、防衛大臣が定めた訓令に従ってあらかじめ必要な範囲の自衛官に警護の任務が付与され、武器等防護の任務に当たる自衛官が、現場の判断において武器を使用して自衛隊の武器等を警護する。国内の武器庫が武装集団に襲撃されたという場合が基本的な想定である。

この武器等防護規定を、米軍部隊の武器を防護することまで応用できないことは、集団的自衛権の行使容認に際して重要な役回りをになった安保法制懇の報告書でも指摘されていた。二〇〇八年六月二四日の報告書では、米軍との共同海上作戦における米艦防護について、「自衛艦が攻撃されていないにもかかわらず、個別的自衛権の適用を拡大して米艦を防護するということについては、国際法に適合した説明が困難」であり、集団的自衛権の行使として説明すべきとの結論を得ていた。そして二〇一四年五月一五日の安保法制懇報告書でも「国際法違反のおそれがある」とされている。

しかし、この指摘を無視する形で、二〇一四年七月一日の閣議決定そして二〇一五年の安保法制整備により、米艦等の防護もまた、警察権の行使の一環であると説明されたのであった。

自衛隊と米軍及び米軍以外の外国軍隊等が連携して行う平素からの共同訓練等の活動において、米軍や豪軍の部隊の武器等を自衛隊が防護することができるとされた。

安保法制懇報告書も指摘するように、米艦防護は、国際法上は集団的自衛権の行使と理解されるものであろう。現場の自衛官の判断でそれを警察権の行使としてできてしまい、それがまた国会承認も不要であるなど、あまりにも無理を通す説明である。

法の支配にコミットし国際法を遵守する国家である以上、米艦防護に当たっての武器使用は、警察権の行使であるという国内向けの説明を、他の国にするとは思えず、対外的には、別の説明をすることになるものだろう。そこで気になるのが、与党協議以来、なんども出てきた「ユニット・セルフ・ディフェンス」(unit self-defense)という言葉である。

二〇一五年二月一三日の与党協議で防衛省から提出された資料には、「新設する権限による一定の米軍等の武器等の防護は、各国において見られる「部隊防衛」の考え方とその目的において共通するところがあるものと理解」とある。また、その上の部分では「「部隊防護」(unit self-defense)」として国際人道法研究所「交戦規定ハンドブック」の「部隊防衛」に関する次の記述が引用されている。

部隊防衛(Unit self-defense):部隊の司令官は、攻撃又は差し迫った攻撃に際し、自身の部隊及び自国の他の部隊を防護する権利を有する。部隊防衛の概念を権利及び義務として捉える国もあれば、権利としてのみ捉える国もある。いくつかの国は、より高い権威からの命令により部隊防衛の権利が制限されることを認めている。部隊防衛は、適用可能なＲＯＥ（交戦規則）により認められる場合は、他国の部隊及び要員に拡大することができる。

少なくとも自衛隊法九五条の文脈において、ユニット・セルフ・ディフェンスという言葉は、昔から用いられてきたわけではないようである。このセルフ・ディフェンスという言葉は、日本の法制において完全に対応する言葉がないため、煩瑣ではあるがこのまま用いることとする。日本の法制にとって新規の概念が用いられているということに、注意を払いたい。

国内法における説明と国際法上の説明は別ものなので、外向けの説明と内向けの説明とで性格が違う言葉を使っても、特段の問題は生じないと割り切ることもできるかもしれない。しかし、今般の安保法制転換は、「日米同盟の深化」のなかで起きているのである。米国流のセルフ・ディフェンスという考え方が何らかの影響を及ぼすのではないか。そこで、米軍とセルフ・ディフェンスについて見ておくことにする。

米軍とセルフ・ディフェンス

広く日本でも知られているように、アメリカの歴代政権は、自国の国益や外交政策上の脅威に対処するために軍隊を使用する広い権限を有すると主張し、世界の数多くの紛争に軍隊を投入して介入してきた。

アメリカの市民とその財産、アメリカの企業資産も、場合によってはセルフ・ディフェンスの対象となり、在外自国民の保護のためにもこれは発動されることがある。そしてテロリスト拠点に対するミサイル攻撃等の、先制的なセルフ・ディフェンスの権利も有するとの理解をとっている。また軍隊内部のルールである「交戦規則」(ROE)の禁ずる措置以外はあらゆる措置を米軍はとることができるという前提に立つ。さらに「敵対的行動」のみならず「敵対的意図」に対しても自衛権を発動できる。これはつまり、行動を起こす手前の、第一撃を受ける前に予防的先行的にセルフ・ディフェンスしうることを意味する。

アメリカの国際法解釈は、予防的な武力行使を正当化する点で、諸国における標準を超え、イスラエルと並んで特異である。一九六五年のベトナム戦争、一九八〇年代のニカラグア内戦介入、八三年のグレナダ侵攻、二〇〇三年のイラク戦争など、アメリカの行動は、国連憲章との整合性が強く疑問視され、また憲章違反として批判されてきた。

米統合参謀本部議長「米軍のための標準交戦規則」(二〇〇五年ＳＲＯＥ)は、セルフ・ディフェンスを三つに分けており、それぞれ「生来的なセルフ・ディフェンスの権利」(inherent right of self-defense)、「国家的なセルフ・ディフェンス」(national self-defense)、「集団的なセルフ・ディフェンス」(collective self-defense)である。「集団的セルフ・ディフェンス」は、「指定された非米軍及び／又は指定された外国人及びその財産を、敵対的行動又は誇示された敵対的意図から防御する行為。合衆国大統領又は国防長官しか集団的セルフ・ディフェンスの行使を認可できない。集団的セルフ・ディフェンスは一般的に共同作戦の際に実施される」のである。ユニット・セルフ・ディフェンスは、「個人的なセルフ・ディフェンス」(individual self-defense)とともに、「生来的なセルフ・ディフェンスの権利」を構成していることが興味を惹く。

自衛隊の米軍等の武器等防護のような行動は、米国ＳＲＯＥでいうと「生来的なセルフ・ディフェンスの権利」であるユニット・セルフ・ディフェンスに分類されるものなのだろうか。それとも「集団的セルフ・ディフェンス」に相当するものではないのか。どうもよくわからない。

ただ、アメリカにおいてもユニット・セルフ・ディフェンスという概念は、必ずしも固定的な意味を持っているわけではないようである。過去のＳＲＯＥから定義の仕方や性格づけが変わってきており、部隊司令官の「生来的なセルフ・ディフェンスの権利」が強調される一方で、兵士個人のそれが制約されうることを明確にする傾向にある。

憲法論と国際法論

与党協議用の防衛省資料のように、ユニット・セルフ・ディフェンスという概念を自衛隊法九五条改正に際して参照するという手法は（注意深くも間接的に援用するにとどまるものではあるが）、看過しえない問題を孕んでいる。日本とアメリカとでは、そもそも考え方が大きく異なっているためである。

というのも日本では、国内法の概念である「正当防衛」と、国際法のレベルでの「自衛権」という概念が使い分けられている。前述のとおり、自衛隊法八八条に該当する場合にのみ、自衛のための「武力行使」をなしうるのであり、それ以外は警察権の行使としての「武器使用」と説明されている。また有事に武力行使が可能となっている中で行う公共の秩序維持のための行動も、警察権の行使としての武器の使用である。そのような日本とは違い、米国では、セルフ・ディフェンスという概念一つで、「国家」から「個人」まで、広い範囲の主体による実力の行使が説明されている。つまり、議論の「建てつけ」が、そもそも異なっている。

さらに結局のところ米軍部隊の武器等防護は、安保法制懇報告書も指摘していたように、集団的自衛権の行使に当たろう。とすると、ユニット・セルフ・ディフェンスという概念を用いる説明は、国連憲章五一条が定め、またＩＣＪ（国際司法裁判所）のニカラグア判決が示した集団的自衛権要件（必要性・均衡性・攻撃を受けた旨の表明・第三国への援助要請）を潜り抜ける回路ともなりうるのではないか。

安倍首相は「国連憲章上、武力攻撃の発生が自衛権の発動の前提となることから、仮にある国が何ら武力攻撃を受けていないにもかかわらず違法な武力行使を行うことは国際法上認められていないわけでありますので、我が国が自衛権を発動してそのような国を支援することはないわけであります」（二〇一五年五月二八日、衆議院特別委員会）としたが、日本は、大量破壊兵器が結局見つからなかったイラク戦争でも、アメリカの武力行使を支持したことの正当性についてきちんと総括さえしていないのであるから、今後も、アメリカの国際法解釈の妥当性を厳格に審査することは、考え難い。アメリカの武力行使が正当であることを前提とすることになるだろう。

だとすると、自衛隊の活動の始点は、これまでの議論で想定されてきたよりも早い段階にシフトする理論的な可能性があるのではないか。新たに設けられた存立危機事態にせよ、重要影響事態にせよ、さらには理論的に無理な拡張をされた武器等防護にせよ、安保関連法の法案審議の段階では、既存の法制度の延長として扱われていたが、従来の枠組みでは評価しえない運用がなされ、既成事実が積み上げられる危険がありはしないか。

考えてみれば、安保政策をめぐる国会等での議論のなかで長らく焦点が当てられてきたのは、圧倒的に憲法論であり、国際法論ではなかった。それはなぜかといえば、理由の一つには、戦争放棄・戦力不保持・交戦権の否認を謳う日本国憲法九条は、他の国には見られない厳しい規律をしているため、「国際法の規律よりも、憲法の規律の方が厳しいから、憲法論を論ずれば足りる」という理解があったのではないか。しかし、自衛隊の活動の範囲が世界大に広がり、活動内容も武器を使用することを前提とするものとなった今日、右のような想定を疑う必要がある。

もちろん、アメリカの国際法解釈が、国際的にも特殊であるからといって、かならずしも自動的に日本も先行予防的自衛として武力行使をする国になるとは限らない。しかし、先行予防的自衛のための武力行使を後方支援する可能性はどうなのか。他国の攻撃のための在日米軍基地使用を黙認することの問題は、今でも存在する。「平和国家」として憲法九条の下で安保政策を作ってきたはずが、いつの間にか、世界標準と比べても好戦的な国家にもなっていたというのでは、元も子もない。

「政府が判断する」?

集団的自衛権の行使に関わる存立危機事態の判断は、政府が総合的に行うとされている。しかし、そもそも「日本政府が判断する」と額面通りに受け取れるものだろうか。国際法上、集団的自衛権が認められているといっても、諸国がしょっちゅうこれを行使して武力の行使に及んでいるのではない。これまでは、アメリカや旧ソ連といった大国が、他国への介入の理由づけとして行使することが圧倒的に多かった。多くの場合、武力行使を伴う集団的自衛権は大国でなければ、持っていても行使についての決定権を握るものではない。日本にとっていえばアメリカを抜きに集団的自衛権を議論できない。

安全保障をめぐる問題は、事柄の性質から当然に、国内だけに閉じていない。特に日本の場合は、安保・外交政策は、日米安全保障条約・日米地位協定抜きには語れない。かつては、「日米安保」と呼ばれることが一般的だったが、いまでは「日米同盟」と呼ばれるようになった。その呼称の変化が示唆しているように、実質的な内容は、安保条約をはるかに超えて、変容してきている。「日米同盟」の協議機関を中心にして、安保政策の方向が決められてきたのであり、つまり、事実としてみるならば、憲法を超えた国際関係の中で、安保政策をめぐる実質的な政治が決定されているように観察される。

日本にとって安保政策は、アメリカとの約束の上での安保政策なのであって、そのような性格を前提にすれば、集団的自衛権は「権」利というものの、その実態は、「防衛の約束」(義務)という観点から捉えた方が、はるかに見通しはよくなる。もし本当に、集団的自衛権の行使が日本の裁量によるのだとしたら、今よりもずっと、アメリカは日本防衛にコミットするインセンティブがなくなるのではないか。「日米同盟」に至上の価値を置く立場からすれば、そんなことでは到底、所期の目的が達成できなくなってしまうが、今回の法整備について、積極的推進派から批判的な意見が示されていないことからすれば、及第点に達していると考えるべきだろう。日本がアメリカと約束することの重さは、二〇一五年四月に、米国議会で安保関連法の成立を「約束」した安倍首相の例を思い出せば十分だろう。

では日本はアメリカと何を約束しているか。それは、今回の安保関連法にではなく、基本的にはガイドラインに書いてある事柄であり、だからガイドラインが、すこぶる重要なのである。「日米同盟」上の約束が何かを知らなければ、集団的自衛権の行使や後方支援活動としていかなるものが想定されているかが分からない。

さらに今般では、オーストラリアを始めとして共同する範囲が広がってきた。オーストラリアには「準同盟国」という呼称が使われるようになっており、関係も深まっている。共同訓練を円滑化するなどの地位協定を目指すことで、安倍首相とターンブル豪首相は一致したと伝えられている（「毎日新聞」二〇一五年一二月一八日）、オーストラリアの次期潜水艦共同開発についても話が進んでいる（次章も参照）。つまり米軍再編とともに、西太平洋の各国の軍隊との関係が密になりつつあるのである。アメリカを中心として広がる共同の大きな構図のなかで、日本の集団的自衛権の行使の問題は考える必要がある。

国家と誠実さ

ところで国家と国家の関係は、当たり前のことだが、親子関係や恋人関係、ご近所づきあいなどとは違う。国家はどこまでも自国の国益を追求するものであり、義理や友情など、リップサービス以上のものではない。

この点で、時折、他国の態度に誠実さを求めているかのような報道もなされるが、これはどのように理解したらよいものなのだろう。たとえば、「アメリカが尖閣諸島を防衛する義務を明言した」と、殊更にメディアで報じられた。それは「アメリカは、言ったことは誠実に実行するはずだ」という想定がなければ、大きなニュース価値はないはずである。

しかし、そのような想定は、全く意味をなさない。アメリカは、国益にかなうなら行動するだろうし、国益にかなわないと判断されれば、行動しない。「戦線の維持」に際して、自国民だって遺棄した歴史があるのに、アメリカは日本国民のため、アメリカの若者の命をかけるはずだなどと思うのはナイーブに過ぎる。

もっとも、まさかメディアがそんなナイーブな理解をしているのではないとすると、国民にそう思わせるための世論誘導の意図があったということになり、それはそれで、批判されるべき態度である。

また、東日本大震災の際の「トモダチ作戦」についても、「友情」が強調される向きがあった。しかし、もし救助に関わる米軍兵士が武装していたらどうだったろうか。また、ルース米駐日大使は、「我が国の原子力専門家を首相官邸に常駐させたい。意思決定の近くに置きたい」と、枝野官房長官に申し入れをしたとのことだが(毎日新聞「震災検証」取材班『検証「大震災」伝えなければならないこと』)、もしそうなっていたら、どうだったろうか(「トモダチ作戦」について一二二頁以下参照)。

災害は他国への介入の良いチャンスであることは、二〇一〇年のハイチ地震での米軍の動き等を通じて、私たちも知っているところである。「友情」などという美しい言葉に還元できるような出来事ではなかったというべきだろう。二〇一一年三月一七日には、巨大なバケツをつりさげて、自衛隊の輸送ヘリコプターであるCH四七が二機、バケツの水を空中から原子炉冷却のために放水し、映像が世界へ生中継された。自衛隊員を危険に曝してのこの作戦が、主として米国に向けた「メッセージ」であったことは、のちに菅首相（当時）もインタビューの中で、暗に認めている。

日本の外務省をはじめ外交のプロや、国家安全保障のプロたちは、国家の行動に誠実さを求めるなど、もちろんそんなナイーブな考えはとっていないはずである。ここ十数年の安保・外交政策の大転換は、それが特にアメリカとの関係において「わが国の国益にかなう」という判断がされてのことであったはずだ。もし仮にそうでなければ外交や安保のプロなどと称せまい。その政策判断が正しいものであったか、日本外交は成功しているのかは、きちんと検討されなければならない。

二〇一五年のガイドライン改定は、何のためになされたのだろうか。たとえば北岡伸一・安保法制懇座長代理が、次のように述べていることが参考になろう。「同盟には必ず、見捨てられる危機と巻き込まれる危機がある。昔のように米国が圧倒的に強い状況ではない。明らかに腰が引けており、今あるのは見捨てられる危機だ。米国を何とか引きとめなくてはいけないのに、米軍が襲われても助けるのは嫌だという都合のいいことはできない」(「毎日新聞」二〇一四年四月一六日)。

元外務事務次官で国家安全保障局長の谷内正太郎氏は、講演のなかで「日本のGDP比一%の防衛費では、抑止力維持のために米国の軍事戦略全体との連携が不可欠である。騎士と馬の関係で主は騎士であるが、従たる馬も騎士の目指す方向をつねに見極めねばならない」と、アメリカを「騎士」に日本を「馬」にたとえていた(二〇一〇年七月三日、武藤記念講座講演「志ある外交戦略　普天間問題と日米同盟の将来」、公益社団法人國民會館HP)。「馬」として、見捨てられないために、「騎士」であるアメリカの支援を、しなければならないということか。

安倍首相は、二〇一六年三月一三日の自民党大会で、「日米同盟」について、「日本を守るためにお互いが助け合うことができる同盟」とし、二〇一五年に成立した安保関連法は「その絆を間違いなく強くしたんです」と述べている。また、「戦争法廃止」が野党から求められていることについて、「せっかく国民を守るために強化されたこの日米同盟の絆は、大きく損なわれてしまうんです」とした(自民党HP)。安保関連法は、「絆」のためであったのか。

しかしガイドラインによってアメリカを引き止めることに成功したのかという点については、

重大な疑義が示されている（春名幹男『仮面の日米同盟』、「軍事民論」五七六・五七七・五八一号など）。「平和国家」としてのブランドも失い、「引き止め」にも失敗したのだとしたら、取り返しのつかない、日本外交上の大失敗事例として語られることになるおそれもあるのではないか。

条約改定手続きなしに変わってきたこと

「日米同盟」はもはや日米安保条約の範囲をはるかに超える内実を備えてきている。安保条約五条では「日本国の施政の下にある領域における、いずれか一方に対する武力攻撃」へ対処することが宣言され、六条では「日本国の安全に寄与し、並びに極東における国際の平和及び安全の維持に寄与するため」、米軍が日本で基地及び区域を使用することが許されている。アメリカ側の義務は日本の防衛であり、日本側の義務は米軍への基地提供であった。それが、アジア太平洋地域、さらにそれを超えたグローバルな地域での活動となったのである。

ここでは、「日米同盟」の内容については措き、変化の手法について注目しておきたい。「同盟」の変革に、国会が正面から関与することなく、つまり憲法の想定する条約改定の手続きなしに日米安保条約の枠組みが変えられてきたのである。これについては内容とは別に批判されなければならない。

「必要だから」とか、「結果がよいから」ということでは、手続きをスキップするなど正当化できないはずであるが、異常なことがなんども繰り返されて、まるでそれが「普通のこと」になってしまっているようである。二〇一五年の日米ガイドライン改定の際には、もはや臆面もなく「新たな一章」などといわれている(岸田外相)。しかし、おかしなことはなんど繰り返されたところで、あるいは国民が慣れてしまったところで、決して正しいことにはならない。

「グローバルな日米同盟」を実現するのは、日米安保条約の枠組みでは不可能である。憲法七三条三号で、条約については「事前に、時宜によつては事後に、国会の承認を経ること」とされている。内容からすれば、本来なら条約改定の手続きを踏まなければならなかった。

そもそも、日本の安保政策を方向づけ、集団的自衛権の行使との関係で極めて重要な意味を持っている日米ガイドライン(以下、ガイドラインと略す)とは、いったい何なのか。

ガイドラインとは何なのか

「憲法があり、その下で日米安保条約が結ばれていて、さらにその下にガイドラインがある」と考えるかもしれない。しかし、そうではない。

思い返してみれば、集団的自衛権の行使を容認したとして知られる二〇一四年七月一日閣議決定については、「国会や与党協議で、アメリカとの間で、年内の日米ガイドライン改定に合意していて、秋の国会で法整備をする必要があるからこのタイミングで閣議決定をしなくてはならない」という趣旨の説明がされていた。でも、そんなに急いだのに、その年の秋には法整備がなされず、翌年に持ち越された。

法的にいえば、ガイドラインは、「国際約束」ですらない。だから、そのような国際約束でもないガイドライン改定に間に合わせなければならないなどの理由は、説得力を欠くはずなのだった。しかし、多くの国民は、アメリカとの約束ということ、それ自体には疑問を持っていなかっただろう。

一九七八年の第一次ガイドラインもそうであったが、かねてよりガイドラインが国会承認を経ないという点は、国会でも学説でも問題とされてきた。だんだんと国民が「そういうものだ」と慣れてきている感じがあるものの、なぜ国会承認を経ないでいいのかは問い続けなければならない。

そこでまず、ガイドラインの性格を、踏み込んで考えてみよう。

広い意味で国家間の法的な合意文書を「国際約束」と呼ぶ。それは、憲法の定めにより国会の承認を必要とする条約と、行政府限りでの行政協定(取極)とに分けられる。日米安保条約は前者の例であり、旧安保条約に基づく行政協定は後者の例である。

では、なぜ条約に国会が関与することになっているのか。かつて、明治憲法の下では、条約を締結することは天皇の大権であって、国会は関与することができなかった。日本国憲法において、「条約を締結すること」は内閣の職務であるが、同時に但書きにて、「事前に、時宜によつては事後に、国会の承認を経ることを必要とする」と、国会の関与が定められている。

もっとも、すべての国家間合意について国会承認を必要としていたら、外交ができなくなってしまう。世界が狭くなるなかで、結ばれる国家間合意が膨大であることを踏まえれば、私たちの代表によるチェックを要するものと要しないものとの線引きが必要であることはいうまでもない。では何が国会の承認を必要とする条約か。

日本では、いわゆる「大平三原則」がそのような線引きに使われてきた。これは、一九七四年二月二〇日の衆議院外務委員会で当時の大平正芳外務大臣が答弁の中で示した政府見解である。

それによると、憲法上、国会承認条約に該当するカテゴリーは三つある。第一に法律事項を含む国際約束(国会の立法権にかかわるような約束を内容として含む国際約束)であり、「具体的には、当該国際約束の締結によって、新たな立法措置の必要があるか、あるいは既存の国内法の維持の必要があるという意味において、国会の審議をお願いし承認を得ておく必要があるものをさすもの」とされた。

第二は、財政事項を含む国際約束（すでに予算または法律で認められている以上に財政支出義務を負う国際約束）である。第三としては、「法律事項または財政事項を含まなくとも、わが国と相手国との間あるいは国家間一般の基本的な関係を法的に規定するという意味において政治的に重要な国際約束であって、それゆえに、発効のために批准が要件とされているものも国会承認条約として取り扱われるべきもの」とされた。

ガイドラインは、日本語で正式には「日米防衛協力のための指針」という。「指針及びその下で行われる取組みは、いずれの政府にも、立法上、予算上又は行政上の措置をとることを義務づけるものではない」（一九九七年の第二次ガイドライン）。政府は、「これを踏まえていろいろ適切な措置をとられる、あるいは適切な政策面への反映が行われるということは期待されているわけでございますけれども、それはそれぞれ日本あるいは米国独自の判断によってやるものでございますし、このガイドライン自身でそういったことをやることは義務づけられているわけじゃないという意味においてそもそも国際約束ではない」（一九九七年六月一一日、衆議院外務委員会、池田行彦外務大臣）とした。

これだけ日本の安保・外交政策を規定しながら、「そもそも国際約束ではない」というのは、容易には理解しがたい。事柄の法的性質を否定して、法から自由な政治を行う余地を確保するということは、恣意的な権力行使を容易にするものであり、政治にとって「禁じ手」であるはずだ。それに、ガイドラインは自衛隊という実力組織の行動と密接に関わるものなのであり、国会の統制を免れさせるこのような議論は文民統制にもとる。

ガイドラインの経過と「日米同盟」の変質

次に、これまでのガイドラインの経過をざっと振り返っておこう。

一九六〇年に、「内閣総理大臣と米国国務長官との往復書簡」に基づき、「日米安全保障問題に関する日米両国政府の関係者間の主な政策協議の場」の一つとして、日米安保条約四条等を根拠に、「日米安全保障協議委員会」(ＳＣＣ)が設置された。いわゆる「２＋２」である。

一九七五年にガイドラインの策定開始が合意され、ＳＣＣの下に防衛協力小委員会(ＳＤＣ)が設置される。なお、このころ日本のとっていた防衛力の構想が、「基盤的防衛力構想」である(一九七六年の防衛大綱)。

一九七八年、冷戦の真っ只中に、最初の日米ガイドラインが策定された。「日本有事」(安保条約五条事態）における共同軍事作戦研究を目的としたマニュアルであり、「日本の憲法上の制約に関する諸問題及び非核三原則は、研究・協議の対象としない」ことが冒頭で述べられている。つまり当初から、憲法問題の外に自らを位置づけるものであったことに、留意したい。

一九八九年の冷戦崩壊や九四年の北朝鮮核危機等を契機に、日米安保の再定義がなされることになった。一九九五年の防衛大綱では、「基盤的防衛力構想」を基本的に踏襲しつつも、国際情勢の変化などを踏まえて防衛力の規模等を見直すこと、防衛力を効果的に運用して防衛以外の様々な分野で活用してゆくことが明らかにされた。そして、テロ、低強度紛争、難民の大量流入、ハイジャック、海賊行為、拉致事件など、元々警察力で対処するような事柄が、防衛力の守備範囲にあるものとして語られている。

一九九六年の日米安保共同宣言では、「アジア太平洋地域の平和と安全の確保」が謳われ、七八年ガイドラインの見直しが合意された。翌九七年にガイドラインが了承された。九七年改定はアジア太平洋地域を射程に収めるものであり、日米協力の仕組みとして、「包括的メカニズム」（平時）と「調整メカニズム」（有事）の構築が述べられた。そして新ガイドラインを執行するため、九九年に周辺事態法など、ガイドライン関連法が制定された。周辺事態としては、主に朝鮮半島有事（安保条約六条事態）が念頭に置かれており、米軍に対する日本の協力について指針が示された。「極東」の平和と安全維持の米軍基地使用という条約上の限界が突破されたと批判を浴びた改定である。

「日米同盟」がさらに大きく性格を変えるのは、二〇〇一年の九・一一同時多発テロをきっかけとする。二〇〇四年の防衛大綱は、大量破壊兵器拡散の進展や国際テロ活動といった「新たな脅威」への対応が国際社会での差し迫った課題であるという認識を示し、わが国の安全保障の目標として、自国防衛のみならず、「国際安全保障環境の改善」のために、積極的かつ主体的に自衛隊を活用する方針が示された。

また、これに伴って防衛力に関する考え方の転換もなされた。基盤的防衛力という抑止効果を重視する考え方から、突発的に生ずる予測困難な「新たな脅威」のための対処能力を重視する考え方へと転換が図られたのである。

二〇〇五年に出されたＳＣＣ報告書「日米同盟　未来のための変革と再編」は、「国際的な安全保障環境の改善」を重点分野として挙げており、同盟の「変革」が謳われた。つまり、「同盟」が変革していることは、公に認められているのである。

今般の改定について見ると、二〇一三年一〇月三日のＳＣＣで、日本の集団的自衛権行使容認や防衛力強化、情報保全促進が約束され、ガイドライン全面改定が合意された。改定は日本側からの提案によるものである。そして二〇一五年四月二七日に、「切れ目のない、力強い、柔軟かつ実効的な日米共同の対応」という二〇一五年ガイドラインがＳＣＣで合意された。「歴史的な転換点」（ケリー米国務長官）といわれる二〇一五年ガイドラインでは、「日米同盟のグローバルな性質」が強調され、これまで日本周辺に限られていた防衛協力の範囲が「アジア太平洋地域及びこれを越えた地域」に拡大された。また共同の仕組みとしては、「同盟調整メカニズム」（ＡＣＭ）が示された。

二〇一五年ガイドラインは同年夏に成立した安保関連法で実現する、自衛隊と米軍の一体的な協力のあり方と役割分担の大枠を示したものであり、地球規模での後方支援や、集団的自衛権の行使も述べられている。つまりこのガイドラインは、国会で議論する前に、これらを事実上、約束していたのである。

国会における議論よりも前に、ガイドラインで約束したことは、「国会軽視ではないか」と問題とされた。この点について、情報公開請求により開示された防衛大臣用の会見問答集によれば、次のような理由で、国会軽視に当たらないと整理されている（主管：防衛政策局日米防衛協力課、合議：防衛政策局防衛政策課、内閣官房国家安全保障局と調整済み。以上について「軍事民論」五七九号〈二〇一五年一二月〉）。

調整メカニズムの構成

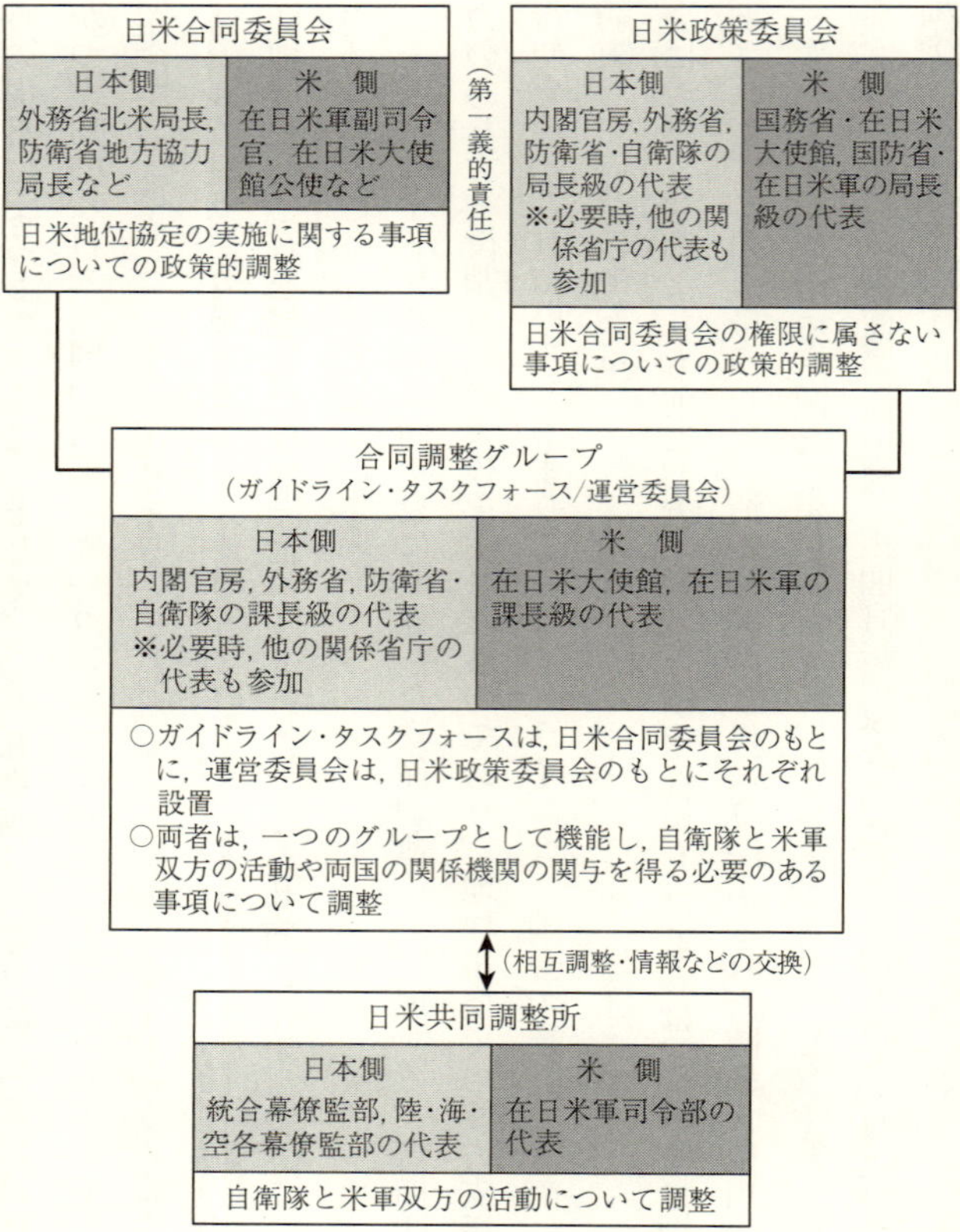
日米合同委員会
日本側
外務省北米局長，防衛省地方協力局長など
米　側
在日米軍副司令官，在日米大使館公使など
日米地位協定の実施に関する事項についての政策的調整
（第一義的責任）
日米政策委員会
日本側
内閣官房，外務省，防衛省・自衛隊の局長級の代表
※必要時，他の関係省庁の代表も参加
米　側
国務省・在日米大使館，国防省・在日米軍の局長級の代表
日米合同委員会の権限に属さない事項についての政策的調整
合同調整グループ
（ガイドライン・タスクフォース/運営委員会）
日本側
内閣官房，外務省，防衛省・自衛隊の課長級の代表
※必要時，他の関係省庁の代表も参加
米　側
在日米大使館，在日米軍の課長級の代表
○ガイドライン・タスクフォースは，日米合同委員会のもとに，運営委員会は，日米政策委員会のもとにそれぞれ設置
○両者は，一つのグループとして機能し，自衛隊と米軍双方の活動や両国の関係機関の関与を得る必要のある事項について調整
（相互調整・情報などの交換）
日米共同調整所
日本側
統合幕僚監部，陸・海・空各幕僚監部の代表
米　側
在日米軍司令部の代表
自衛隊と米軍双方の活動について調整

（左右とも『平成 26 年版防衛白書』より）

包括的なメカニズムの構成

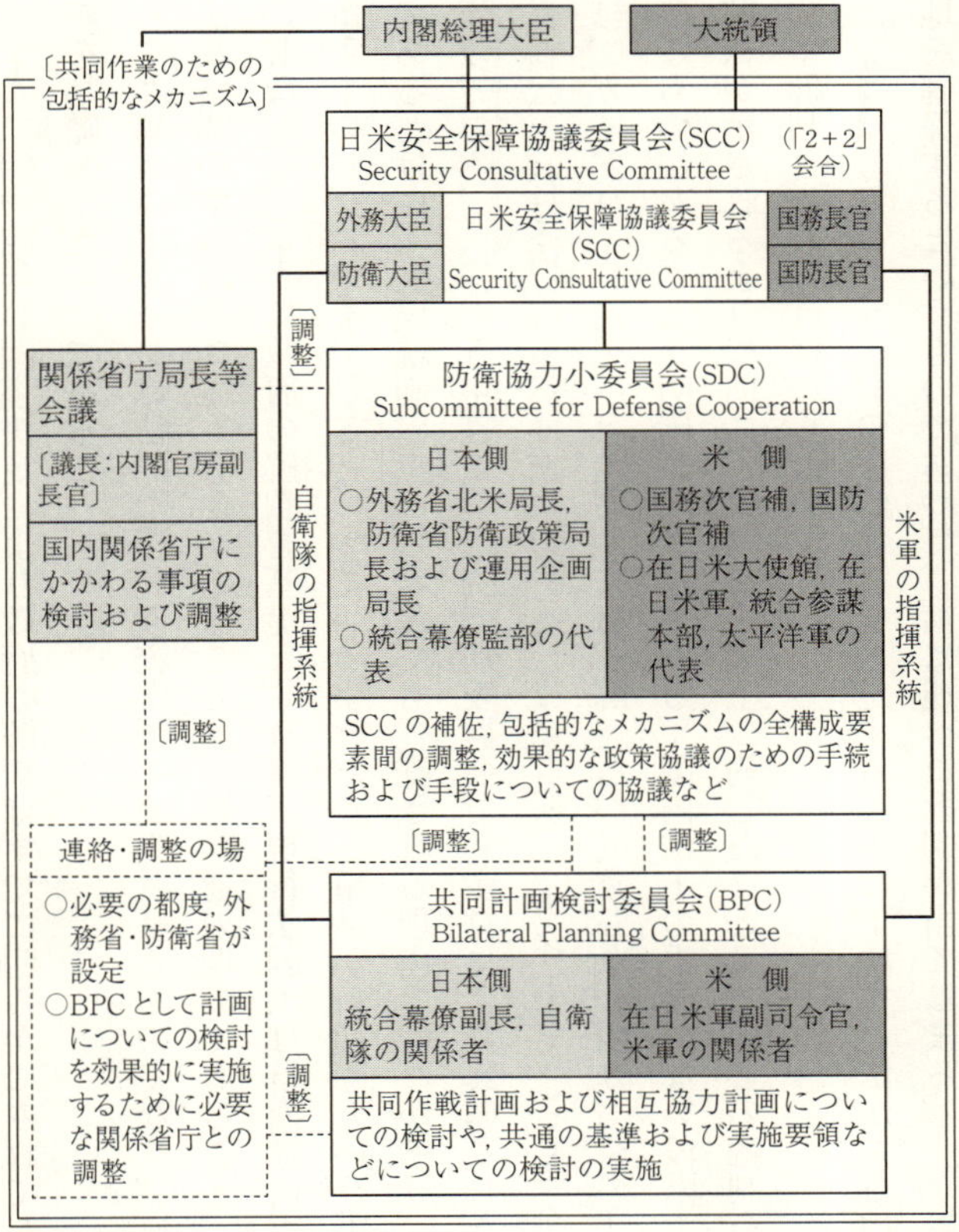

（1）二〇一四年の閣議決定により政府の解釈はすでに明らかにされており、その憲法解釈を基礎としたものであること。

（2）新ガイドラインは法的な権利義務関係を発生させるものでなく、自衛隊の活動は憲法及び関係する法令に従う必要があることは日米共通の理解であること。

しかしながら、（1）は政府の解釈を基礎とすれば、現行法制上は自衛隊に実施不可能なことでも事実上の外交約束をできるといっているようだが、事柄が自衛隊という実力組織に関わることであるだけに、文民統制の点から考えても、許される理由ではなかろう。

実際のところ、二〇一五年夏に参議院特別委員会で共産党により暴露された統合幕僚監部作成の資料によれば（内部文書の問題については後で触れる）、ガイドラインと安全保障関連法制の関係は、ガイドライン記載内容であっても、関連法が成立しない限り当時の法制度の下で実施不可能なものがあることが明確に示されている。国内法上の根拠がない段階で、つまり国会の憲法解釈が示されるよりも前に、実施を事実上公約したことは、国会の統制を免れるものとして、強く批判されなければならない。

また（2）は、ガイドラインの法的性質を否定することによって、法から自由に自衛隊を動かす余地を確保するというものであって、前に述べた批判が当てはまる。

以上に概観した「日米同盟の変革」は、政権交代の影響を感じさせない。定められたレールの上を走っているようである。国会での議論すら端折って、条約改定によらずに、安保政策の性格が根本的に変化させられてきたのである。

日本国憲法が、条約の締結に国会を関与させていることを考えれば、国会の統制を潜脱する解釈と言わざるをえない。決して、このような手法を当たり前と思ってはならず、批判され続けなければならない。

「トモダチ作戦」

二〇一五年改定前の一九九七年日米ガイドラインの調整メカニズムが初めて実際に動かされたのが、二〇一一年三月一一日に起きた東日本大震災の際の「トモダチ作戦」だった。「トモダチ作戦」では、自衛隊と米軍の間での「日米調整所」が、発災日に市ヶ谷（防衛省）と横田（在日米軍司令部）と仙台（陸自東北方面総監部）に設置され、実質的に有事並みの共同作戦が行われた。

東日本大震災の前には、災害への応急対処において米軍が大きな役割を果たすという前提は、日本でとられてはいなかった。災害対策法制は、形式上、日本の国内法秩序に完結してきたのである。しかし、東日本大震災を経て、日米閣僚級の共同文書や行政協定、そして在日米軍の自治体の防災活動への参加といったレベルからも、米軍が日本の災害対策の仕組みに組み入れられる方向に、急速に事態は動いていて、防災訓練への米軍参加や連携強化も各地で進んでいる。米軍は、「防災関係機関」として扱われているようであるが、わが国の行政組織ではない在日米軍がそのような位置づけをされることに、違和感を禁じえない。

そこで、「トモダチ作戦」で米軍がどういう活動をしたか、簡単に振り返っておこう。米軍の活動は、「日本の要請による活動」と、「日本の要請に<ruby>よ<rt>﹅</rt></ruby>ら<ruby>ず<rt>﹅</rt></ruby>に行われた活動」とに分けられる。前者については、広く知られているように、米軍による人道支援・災害救援(ＨＡ／ＤＲ)として、統合支援部隊(ＪＳＦ)が組織され、「トモダチ作戦」が実行された。

福島原発事故対応をめぐっては、日米政府間の「調整」に大きな問題が発生したことが伝えられている。アメリカはこの事故について、特に情報が伝わらないことへ、たいへんに強い不満を抱いていた。日本国内の各省間や日米政府間において、原発事故対処につき、情報交換や調整の機関がなかったところ、政治家の個人的なコネクションに大きく頼る形で、三月二二日に「日米調整会合」が正式に発足し、四月半ばまでほぼ毎日約四〇回開催された模様である。つまり法的な位置づけもない会議体によって、原発事故への日米共同対処がなされたのであった。これは自衛隊や米軍の行動に関わるだけに、文民統制の点において、大きな問題をはらんでいたというべきだろう。

次に、「日本の要請によらない」日本国内での米軍の動きについても確認しておきたい。二つ例を挙げると、一つは、無人偵察機「グローバル・ホーク」が震災翌日の一二日に投入されている。ちなみに「グローバル・ホーク」が撮影した画像は日本に提供された。

もう一つは、宮城県気仙沼市大島に上陸支援を行った強襲揚陸艦「エセックス」が、被災地から遠い日本海を航行したり、横須賀を事実上の母港とする原子力空母で発災当時定期修理中だった「ジョージ・ワシントン」が横須賀を離れ、東シナ海まで航行したり、といった動きがあった。

「ジョージ・ワシントン」について、一方では原発事故による放射性物質の被害を避けるためではないかとの見解が示されていた。他方で、国会では、「横須賀にいるよりは日本の近海にいた方がより抑止力として、このほかの船もたくさんいろんなところ出ておりますので、日本の防衛あるいはこの地域の安全と平和のために、そういうふうに動いた方がより適切だという判断の下に港を出たというふうに私ども聞いております」(二〇一一年三月二四日、参議院法務委員会、政府参考人)と答弁されてもいる。

いずれにせよ、米軍は、米軍の都合で動くということである。駐留米軍は、日米安保条約六条にいうように、「日本国の安全に寄与し、並びに極東における国際の平和及び安全の維持に寄与するため、アメリカ合衆国は、その陸軍、空軍及び海軍が日本国において施設及び区域を使用することを許される」のであり、「エセックス」や「ジョージ・ワシントン」の動き等に照らしてみても、好むと好まざるとにかかわらず、日本での大規模災害は安保問題となる可能性をもつのである。

東日本大震災での共同作戦は、「将来の各種の事態への対応に係るモデルとなり得る」と防衛省の「東日本大震災への対応に関する教訓事項」(二〇一二年一一月)でまとめられており、つまり三・一一は客観的事実としていうならば、有事の調整のための好機ともなった。

米軍再編

以上の変化は、米軍の世界的な大編成の中で生じていることに注意が必要である。在日米軍再編(二〇〇三年から本格化)というが、これはDefense Policy Review Initiative: DPRIといわれるものであって、世界規模での見直し(Global Posture Review: GPR)の一部である。

二〇一二年一月五日に出された、米国防省の「米国のグローバル・リーダーシップの維持 二一世紀の国防のための優先事項」と題する国防戦略指針では、「米国の安保戦略において

「アジア太平洋」は西太平洋・東アジアから インド洋・南アジアにわたる地域を包含する概念であり、そのなかでアジア太平洋へのリバランスの一環としてインドとの長期的な戦略的パートナーシップの重要性を強調している」と示されている。このように広い「アジア太平洋」という地域での米国の安保戦略において、日本、韓国、オーストラリア、タイ、フィリピンなど、国名を挙げて「協力に期待する」ことが示されている。

なおアメリカのリバランスについて、日本国内では見方が分かれている。防衛研究所「平成二四年度特別研究成果報告書　米国の新たな安全保障戦略とアジア太平洋諸国の対応」は、テキサスA&M大学教授のクリストファー・レインによる「オフショア・バランシング」論が、「日本国内においても、保守・革新を問わず広がりつつある」ことを、「興味深いこと」と指摘している。オフフォア・バランシング論とは、「前方展開した米軍を域外に撤退させ、域内における勢力均衡の維持を地域諸国に委ねる戦略」の端緒として、米国のリバランスを捉える議論とされる。報告書は「もちろんこうした見方はやや極論に近く、現実を反映しているとは言い難い」とするが、「米国が「アジア太平洋重視」を強調する中で、そうした方針とは真逆の「オフショア・バランシング」論が一部で注目されていること自体、日本国内における米国のリバランスに対する解釈の多様性を物語っていると言えよう」と指摘していることを紹介しておきたい。

同盟調整メカニズム

さて日米の軍事協力の一体化が進んでおり、「装備や情報を含めた様々なリソースの共有が進んでおり、今後ともその傾向が進むことが予想される」(安保法制懇報告書、二〇一四年)なかで、運用のレベルで後戻りできない状態になってゆく危険はないだろうか。元自衛隊幹部によると、「ハイテク兵器が主流を占め、宇宙やサイバー空間までも舞台にした複雑な情報が飛び交う現代の戦争では、戦う前に敵のあらゆる情報を徹底的に調べ、同盟国と共有して役割分担を事前に整える」ため、「勝敗は九五%が平時に決まる」という(「朝日新聞」二〇一五年一一月二〇日)。また、同記事は、横田基地内にある施設である「日米共同調整所」が平時からの中枢になる可能性があることを伝えている。これは、在日米軍司令部の隣に設置された航空自衛隊航空総隊司令部の地下室に作られており、在日米軍司令部と地下通路で結ばれていて、防衛省地下三階の中央指揮所とも専用回線で結ばれているとのことである。

二〇一五年ガイドラインでは、先述のとおり、「同盟調整メカニズム」の常設化の方針が示された。九七年ガイドラインは、有事の際の「二国間の調整メカニズム」であったが、これが国内大規模災害も含め、平時から緊急事態までのあらゆる状況において日米間の調整を図る、平時から利用可能なものとしての「同盟調整メカニズム」になったのである（一一八頁の図を参照）。

常設化が図られるというのは、まさに運用面で機動的に「日米同盟」を一体的に動かせるものにしてゆく、という強い決意の表れであろう。一体化が進むなかで懸念されるのは、どこまで主体的に日本が決定に関われるのか、ということである。たとえば、内閣がNSCの審議等に基づき「存立危機事態」を認定することになっているが、自衛隊と米軍という実力組織間の調整を追認するだけのものになりはしないか、政治に統制するだけの力量があるのか、これまで不安を抱かせるようなことばかりであっただけに、よく目を凝らして見ていかなければならない。

自治体や民間の「能力活用」

ところで、二〇一五年ガイドラインにはあって、一五年夏の国会では具体的には語られなかったことに注意を払っておきたい。「地方公共団体の権限や能力の活用」と、「民間の能力活用」である。ガイドラインでは、日本有事における後方支援について、「日本政府は、中央政府及び地方公共団体の機関が有する権限及び能力並びに民間が有する能力を適切に活用する」とあり、日本以外の国に対する武力攻撃への後方支援について、「日米両政府は、支援を行うため、中央政府及び地方公共団体の機関が有する権限及び能力並びに民間が有する能力を適切に活用する」とする。

「活用」とはどういうものになるか。一つ例を挙げると、国内の動きとして、二〇一三年の防衛大綱の元となった防衛省の内部文書である「機動展開構想」に、沖縄県の尖閣諸島を含む南西諸島地域の離島防衛などを想定して、船舶業界と輸送協力の事前協定を結ぶ必要性が明記されていたと言う(「共同通信」二〇一四年一月六日)。また、防衛省は平成二八年度予算案に、海上自衛隊の予備自衛官補として、民間船舶の船員を二一人、採用できるよう盛り込んだ(「毎日新聞」二〇一六年一月一〇日)。このように、民間の船舶や船員を使って隊員や武器を運ぶという「能力活用」は、着々と計画され、進んでいる。

これについて、全日本海員組合は、太平洋戦争で軍事徴用され物資輸送や兵員の輸送に従事した一万五五一八隻の民間船舶が撃沈され、六万六〇九人もの船員が犠牲となったことをあげつつ、「事実上の徴用」につながるものとして、断固反対の声明を出した(二〇一六年一月二九日)。防衛省は、船員に予備自衛官を志願するよう強制することはないと説明しているが、本当にそうなるか。

徐々に社会に軍事の論理が入りつつあるが、軍事的合理性と市民社会は、価値の置きどころが根本的に違うことに改めて思いを致したい。日本は日本国憲法の下で、軍事的合理性が貫徹しない国の仕組みを作ってきたのであり、また九条は軍事的合理性が貫徹することに抗する根拠となってきたことを第二章で述べたが、社会を軍の論理で染めようという動きが強まるなかで、市民社会の真価が問われよう。憲法学者の樋口陽一氏は九条について、社会の価値体系を逆転させる、「自由の下支え」と指摘した（『個人と国家』）。日本で「下支え」なしに自由や立憲主義は、もう自立できるか。

特定秘密保護法

軍事的合理性が貫徹する国への大きな転換のきっかけとなるかもしれない変化が、二〇一三年に制定され、一四年に施行された特定秘密保護法であった。

特定秘密保護法は、防衛、外交、スパイ防止、テロ防止の分野における情報で、「公になっていないもののうち、その漏えいが我が国の安全保障に著しい支障を与えるおそれがあるため、特に秘匿することが必要である」と行政機関の長が判断した一定のものを、「特定秘密」として、刑罰の威嚇のもとに厳重な保護の対象とする。

この法律についても反対の声も強いなかで、強行に制定されたのであった。多くの問題があるが二点について確認し、その後、「日米同盟の深化」との関係で少し詳しく検討する。

問題点の第一として、秘密の指定について。国家秘密の保護は、元来その性質上、国家による監視や情報収集を招きやすい。そこで、恣意的な運用を抑えるための、いくつもの工夫が必要である。国家が秘密を有すること自体は、一般論としていえば、たとえば外交交渉一つとってみても、不可避であるといえよう。しかし、国家の違法な行為や失策が秘密とされやすいこと、秘密が秘密を生む傾向にあることは、一九七二年の「沖縄密約」をはじめ、私たちはこれまで経験してきたところである。

特定秘密保護法では、行政機関の長が、曖昧な要件のもとに特定秘密を指定しうる。その指定の妥当性を担保する制度が用意されていないため、特定秘密が永久に非公開とされ続けることはないなどと断ずることはできない。行政機関の長の判断によって、他の国家機関(国会・裁判所)や市民社会への、「特定秘密」に関する情報の流れを完全に遮断して、行政府限りにしてしまうおそれもある。

問題点の二つ目として、表現活動への萎縮効果について。本法は重罰の威嚇によって特定秘密の保護をはかっている。処罰対象は、特定秘密の漏えいにとどまらず特定秘密の取得行為にも及び、未遂、教唆、煽動、共謀、そして過失による漏えいも処罰されるという水も漏らさぬ徹底したつくりである。ふつうの市民や公務員にとっては、逮捕・勾留、捜索・差押え、そしてそのおそれがあるだけで、活動や行為に強力な萎縮効果が働くものである。このようなおそれや自己検閲・自主規制が、表現の自由にとってなによりも有害である。

真剣に考えなければならないのは、国家が有する秘密との関係で、市民の自由(人権)の保障を確保しながら、安定的な統治を可能にするための制度設計である。本来、秘密はいつかは公開されることを前提に、情報公開法や公文書管理法を整え、秘密指定の妥当性を確保する第三者機関を設けるなどして、私たちの自由制約の危険が最小化されなくてはならない。しかし特定秘密保護法は、情報公開や公文書管理とあわせた情報管理という視点ではなく、「秘密が守られるか否か」という一点に、関心を集中させているのである。

統治というのは、洋の東西をとわず、情報統制をすることにより国の政策へ市民から表明される反対の声を小さくしたり、なくしたりする方が、楽にできる。日本国憲法下でも、国家機密・国家秘密の保護を重い刑罰の威嚇によってはかろうとする流れは、これまでもずっとあったのであり、「防衛秘密」の保護という形で部分的には導入されてきていた。なにしろ、戦前のわが国は、「水も漏らさぬ防諜」を掲げ、極限まで合理性の追求をはかった国である。戦前の日本に存在した機密保護法制は、効率よく戦時体制を維持し戦争遂行を支えるための柱として機能していたのだった。

戦後になってこれは廃止された。日本の憲法秩序において、自衛隊は「軍隊」として機能することは否定されているため、一般の秘密と厳に区別されて特別に保全されるべき「軍事機密」が、どの範囲で、どのように扱われるべきか、そもそも論として問題になるのである。人権の側からこれをみれば、表現の自由や知る権利を制約する対抗的な利益に、圧倒的な大きさを持つ軍事という公益が座ることを、憲法が妨げてきたのだといえる。軍事的合理性という観点からすれば、小さな米粒みたいな私たちの人権なんて圧倒的な差で負けてしまう。しかし、九条があることで、表だっては「軍事」をふりかざして人権制約の理由とすることはできない国家となったのだった。

しかし戦後も一貫して軍機保護へのプレッシャーがあったため、戦前の法制との継続性も脈々と維持されてきたのであり、正面きって再登場したのが特定秘密保護法だった。

「日米同盟の深化」と特定秘密保護法

さらに、特定秘密保護法の背景には、「日米同盟の深化」のなかで生じた情報統制及び共有の要請がある。

もともと一九八八年段階においては、「我が国が軍事情報の保全のための一般的な協定を米国と結ぶつもりは全くないという方針で首尾一貫しておったということでございます」と国会で答弁されていた（五月一七日、衆議院内閣委員会、岡本行夫外務省北米局安全保障課長）。これが、どこかで方針転換がなされ、国民に積極的に説明しないまま、秘密情報の日米共有が進んできたのである。ＳＣＣ（一一四頁参照）がこれまで発表してきた文書は、このことの過程を知るのに有益である。

二〇〇五年一〇月二九日の「日米同盟　未来のための変革と再編」には、「共有された秘密情報を保護するために必要な追加的措置をとる」と述べられた。そして二〇〇七年五月一日の「同盟の変革」は、「ＧＳＯＭＩＡ（軍事情報包括保護協定）」を日米間でも締結することを明らかにし、実際にこれは同年八月一〇日に締結された。そして二〇一三年一〇月三日の「より力強い同盟とより大きな責任の共有に向けて」には、「閣僚は、特に、情報保全を一層確実なものとするための法的枠組みの構築における日本の真剣な取組を歓迎し、より緊密な連携の重要性を強調した。最終的な目的は、両政府が、活発で保全された情報交換を通じて、様々な機会及び危機の双方に対応するために、リアルタイムでやり取りを行うことを可能とすることにある」とある。

前に「国民に積極的に説明しないまま」と述べたが、それはこういうことである。二〇〇七年のＧＳＯＭＩＡ二条には、「一方の締約国政府により他方の締約国政府に対し直接又は間接に提供される秘密軍事情報は、この協定の規定が当該情報を受領する締約国政府の国内法令に合致する限り、当該規定に基づき保護される」とある。

政府は新規立法措置について、国会でも明瞭な説明を避けた。しかし、同六条(b)は「秘密軍事情報を受領する締約国政府は、自国の国内法令に従って、秘密軍事情報について当該情報を提供する締約国政府により与えられている保護と実質的に同等の保護を与えるために適当な措置をとること」とされていた。つまりは先に見た二〇一三年文書から考えると、もともと特定秘密保護法のような新規立法が念頭に置かれていたのであろう。

「リアルタイムの情報のやり取り」というのは、司令部・指揮命令系統の一層深い関係を意味する。安保条約の改定をすることなく、国会での議論もなく、また、どの政党が政権党かにかかわらず、以上の課題は粛々と進められてきている。

「国際約束に関する規定」をめぐって

特定秘密保護法の法律案作成段階では、検討内容が一切示されないなど、徹底して情報が管制されていたが、法律が制定されたのち、省庁間のやりとりなど、法令協議の記録が、市民団体や報道機関の情報公開請求に応える形でだんだんと明らかになってきた。それら資料から、本書で右に見てきたことと関係する論点を、一点取り上げておきたい。それは、「国際約束に関する規定」を特定秘密保護法に盛り込むことについての、外務省と、特定秘密保護法を所管する内閣官房・内閣情報調査室（内調）及び内閣法制局との間での攻防である。

内閣法制局は「外国からの情報が、我が国の情報よりも広い範囲で特別秘密の対象となり、一〇年といった重罰をもって保護されるというのはあり得ない。そういうことであれば、「国際約束」の号についての議論をやめた方がよい」（二〇一一年一二月一二日付の内調作成メモ）などと述べていた。

「国際約束に関する規定」については、再三にわたって、内閣法制局や内調から消極的・否定的な評価が下され、独立の条項を立てる必要性が否定されていたのであるが、なお外務省は当該条項を盛り込むことを主張し続けた。

注目しておきたいのは、二〇一三年一月二二日の内調と外務省との協議において外務省は、国際約束に基づいて提供された情報が保護されることにつき、次のような説明をしている点である。「特に、米国との間での安全保障・防衛協力の進展に当たっては、我が国でも米国と同程度の秘密保全のレベルが確保されていることが不可欠の基礎であり、ＧＳＯＭＩＡはそのために締結されたものであるが、米国は、同協定に基づき提供した秘密情報の保護について、我が国が政府内で統一した制度を持っていないと懸念している。このような懸念を払拭するため、秘密保護に関する国際約束に基づいて提供された情報が法律によって保護されるのだということが明らかになることが必要であると考えている」とも述べているところである。このように赤裸々な形で外務省は、ＧＳＯＭＩＡやアメリカからの懸念を述べていた。しかし特定秘密保護法の制定に当たり、これがＧＳＯＭＩＡの国内法化であるということは、国民への説明としては、正面から掲げられていなかったのであった。

また二〇一三年二月二五日の外務省作成「特定秘密の保護に関する法律第三条第一項及び別表の修正案に対する意見」によると、「国際約束に基づいて提供される情報は、我が国の国内法に基づき保護することを前提に提供される情報であり、かかる特定の規範力の確立によって成り立っている枠組みの下でやり取りされる情報であるため、情報の内容そのものの漏えいに加え、かかる規範性が破られることによっても我が国の安全保障等を損なう側面を持つとの特徴をもつ」という理由を、別表上で独立に規定しておくことの必要性として述べている。

これに対する内調の回答(同年二月二七日付)の中では、「国際約束に基づき提供される情報は全て我が国の安全保障等に関するものといえるのか(貴省のこれまでの説明では、いえないものと解される。)……「規範性が破られること」がなぜ「我が国の安全保障等を損なう」のか、詳細にご説明頂きたい」などとされていた。

ここにも、内調・法制局が問題と考えた点が明瞭に示されている。我が国の安全保障等に関するものとは「いえない」情報がなぜ、本法で守られなければならないのかの説明が足りないということである。

しかし最終的に、内調・法制局の見解は押し切られた格好となった。二〇一三年三月八日付内調作成「外務省との協議結果メモ(別表関係)」によると、内調からの指摘である、「もし、GSOMIA等に基づき提供された情報は自動的に特定秘密に指定されることが必要であると考えているのであれば、本法ではなく別の法律で手当てしてくれという話になる」に対して外務省は、「特段の秘匿の必要性が認められない場合もあるという理解でよい」と答えている。内調は「そういう理解であれば、国際約束に基づき提供された情報を重要な情報の例示として規定することを検討したい」とした。この結果、別表第二号ハの修文案「外交に関し収集した我が国の安全保障等に関する情報であって、条約その他の国際約束に基づき保護することが必要な情報その他の重要な情報(イ及びロに掲げるものを除く。)」が示されることとなった。これ以降、大きな議論はなかったようである。

先に傍線を引いた、「かかる規範性が破られることによっても我が国の安全保障等を損なう側面を持つ」とは、いったい何をいっているのかよく分からないが、少なくとも以上のやり取りからは、アメリカへの配慮が強くにじみ出ていることは明らかだろう。

また、この「国際約束に基づいて提供される情報」というのは、国会での審議の際に「国際的な情報共有」として強調されたところである。しかしこれは特定秘密保護法一条の目的規定には入っていないことにも留意しておきたい。当初の法律案・素案には「国際的な情報共有」が目的に掲げられていたのだが、この言葉は法律案作成過程のどこかの時点で削られ、二〇一三年九月に国民に初めて示された法律案の「概要」の段階では、すでに含まれていなかったのである。先に見た「国際約束に基づいて提供される情報」をめぐる、外務省・内調・内閣法制局の間の議論とも関係しているのだろうか。

特定秘密保護法の目的

国会での政府の説明は、「秘密の保護」よりもむしろ、法律案作成過程で削られた「国際的な情報共有」という目的を強調するものであった。森担当大臣も本法の目的として、何度も、①「外国との情報共有」と②「漏えいの防止」の二つを挙げている（衆議院国家安保特別委員会、二〇一三年一一月一二日、等）。そして森大臣はこれらの目的を説明する中で、①の前提として秘密保護法制の整備を位置づけている。

そうであるとすると本法が第一条で明示的に掲げている②に、目的は収斂するのだともいえる。しかし①の観点から見れば、②は①の手段たる位置にある。そうであるなら、②を現実化する手段である本法の採用する厳罰や適性評価制度は、①という目的との関係でより具体的に検討される必要があるが、国会でそれはなされることがなかった。また①がなぜ必要なのか、それがどういう意味内容なのか、もたらされる効果は何かについても、政府は示していない。

つまり、特定秘密保護法については、正面から語られていない目的こそが実は鍵を握っている可能性があるところ、立法目的達成のための手段が、目的との関係で必要であり、合理的であることが国会で十分に明らかにされたとはいえないものといえる。

さらに、「外国との情報共有」については、その提供の要件が、国会や裁判所などへの提供よりも緩やかであることもまた、右に述べてきたこととの関係で注意を払うべきであろう。

特定秘密保護法の第三章は、「特定秘密の提供」について規定している。それは（1）「我が国の安全保障上の必要による特定秘密の提供」（他の行政機関など）の場合と、（2）「その他公益上の必要による特定秘密の提供」（国会や裁判所など）に分けられている。外国との情報共有は、（1）に入るが、性質としては（2）に近い。外国の政府又は国際機関関係者は特定秘密の取扱業務者には該当しないためである。

特定秘密保護法九条は「国外への情報提供」について、「特定秘密を保有する行政機関の長は、その所掌事務のうち別表に掲げる事項に係るものを遂行するために必要があると認めたときは、外国の政府又は国際機関であって、この法律の規定により行政機関が当該特定秘密を保護するために講ずることとされる措置に相当する措置を講じているものに当該特定秘密を提供することができる」と定めている。ここにいう「相当する措置」が先に見たＧＳＯＭＩＡであるが、これは指針にとどまり、そのために国会承認も必要ないものである。

国会や裁判所への提供の要件よりも、外国の政府又は国際機関への提供の要件が緩やかであることを、どう理解したらよいか。日本の場合はこの問題を、沖縄をはじめ日本に駐留する米軍の、日本の安保・外交政策におけるプレゼンスを無視しては、論じられない。地方公共団体や民間も含めて米軍の活動と一体化するなかで、特定秘密保護法は今後どのような働きをするか。運用をしっかりと監視しなければならない。

ところで、もしかすると、機密性の高い軍事情報の取り扱いをめぐっても、ほかの国と違って当たり前という感覚は、政府においても、国会でも、国民の間でも薄まっているのかもしれない。情報が守られるのは当然だとか、ほかの国でもそうなのだから仕方ないとか、そういう見解も示されている。

しかし改めて考えるに、そもそも日本国憲法九条がある以上、そういった憲法の条文を持たない国と比べて、情報や機密、安保・外交へのスタンスが異なって当たり前なのではないのか。予防的先行的な武力行使さえできるとする国と、武力の行使を放棄した国とが、深い機密情報共有といった関係に立つことは、なぜ可能なのか。安保・外交関係で、秘密が保持されるのが「ふつう」であり仕方ないことだというよりも、もっと手前の時点で、憲法は縛りをかけていたのではなかったのか。

統合幕僚監部の内部文書

自衛隊の活動範囲が潜在的には世界大に広がるという事態を前に、政治が自衛隊を適切に統制できるかは、私見によれば、政治が直面しているなかでも最も大きな、喫緊の課題の一つである。しかし、そうした課題として受けとめられているかについては疑問を禁じえない。このことを、最終的な文民統制機関である国会で暴露された防衛省内部文書の抱える問題に見てみよう。

二〇一五年八月一一日に参議院特別委員会で、統合幕僚監部が安保関連法案成立前に、「「日米防衛協力のための指針」(ガイドライン)及び平和安全法制関連法案について」という資料を作成していたことが、共産党の小池晃委員によって明らかにされた。統合幕僚監部の資料について、これを法案成立後速やかに執行するための「分析・研究」との正当化も示されたが(八月一九日、中谷防衛大臣)、扱われている事柄の性質に鑑みれば、そのような性格づけはできない。というのもこれまで本書で強調してきたとおり、日本において安全保障政策は、単なる政策の問題ではなく、不可避に憲法問題だからである。憲法上「無」とされたことにより、国会での審議を経て、法律制定によりはじめて権限が生まれ、正統性が保たれる。もともとが「無」であるからこそ、できることを一つ一つ立法しなくてはならない。そして、何ができるか、できないかについて、国会で示された政府答弁が有権解釈として重要だったのである。「速やかな実行のための準備」ということは、日本では十分な理由にはならないはずだ。「軍部独走」(共産党・小池委員他)という批判が加えられたのは、当然だったといえる。

二〇一五年の日米ガイドラインは「平時からの協力措置」の中で、日米の共同のＩＳＲ（＝情報収集・警戒監視・偵察）活動を挙げている。東シナ海、日本海等については、共同措置がとられてきているものの、南シナ海についてはそれまで明示されていなかったのだが、統幕監部資料は「南シナ海に対する関与のあり方について検討」と具体的に、この非常に動きの活発な地域を挙げていた。

また統合幕僚監部内部資料には、先に触れた同盟調整メカニズム（ＡＣＭ）について、「ＡＣＭ内には、運用面の調整を実施する軍軍間の調整所が設置される予定であり、同調整所の運用要領について検討することが必要です」、「ＡＣＭ内に軍軍間の調整所が設置されることから、平素からの連携強化を踏まえ、要員派遣等について検討が必要です」とある。しかし「軍軍間の調整所」とは、ガイドラインには明示されていない組織であり、法案にも記載されていなければ、国会答弁でも言及されていないものであった。また、「軍」と「軍」の間の調整所というが、第二章でも触れたように、これまで長らく自衛隊は軍隊ではないということが、少なくとも建前にされてきたことを想起したい。

防衛大臣が前述のような見解を示した同じ特別委員会で小池委員が、「自衛隊を軍とする文書が、これは大臣が内容は問題ないと言うのは、私、大問題だと思いますよ。／しかも、軍軍間の調整所が中核になるわけですから、これはまさに米軍と自衛隊の総合司令部になるわけです、平時からの。しかも、調整というけれども、圧倒的な情報量を持っているのは米軍ですからね。これは、米軍が主導権を持って自衛隊が米軍の指揮下になることは誰が見たってはっきりしているわけでしょう」と批判した。もっとも国会や国民からの反応は総じて鈍かったように思われる。

さらに九月二日の参議院特別委員会で、河野克俊統合幕僚長と米軍幹部の会談記録（統合幕僚監部内部文書「統幕長訪米時の《ママ》おける会談の結果概要について」〈二〇一四年一二月二四日〉）が、共産党の仁比聡平委員により暴露された。総選挙の直後の第三次安倍内閣組閣の前であり、与党協議（翌年二月一三日開始）よりも前であり、さらには安保法制閣議決定（二〇一五年五月一四日）よりも以前である二〇一四年一二月に、「与党の勝利により来年夏までには終了するものと考えている」と発言していたことが明らかにされた。

また河野統幕長は、普天間飛行場の辺野古移転に反対する翁長雄志が沖縄県知事に就任したことについて、「結果として普天間移設反対派の知事が就任したが、辺野古への移設問題は政治レベルの議論であるので方針の変更はないとの認識である。安倍政権は強力に推進するであろう」と述べ、また「オスプレイに関しての不安全性を煽るのは一部の活動家だけ」との認識を示していた。日本の政治に自衛隊を制御できる力量があるのだろうか。さらには、統幕長が米軍幹部にこのような約束をしていたことについて、会談内容は防衛省内に残っていないとの調査報告がなされたが、それこそ文民統制の不全を示すものだろう。

そこで次に、日本の文民統制について考えておきたい。

文民統制

文民統制とは、政治と軍を分離し、軍事に対する民主主義に基づく政治を統制する原理をいう。日本における文民統制をめぐっても、法の仕組みは大きく変わってきている。

文民統制について、最終的には国会が大きな責任を持つが、そのような意識が希薄であるように見える。たとえば安保関連法制定といった重大局面に際しても、公述人の意見を、居眠りをしながら聞こうとした者が多数いたことが会議録にも記載されている。二〇一五年九月一五日の参議院特別委員会の中央公聴会で、ＳＥＡＬＤｓの奥田愛基氏が発言冒頭で「済みません、こんなことを言うのは非常に申し訳ないのですが、先ほどから寝ている方がたくさんおられるので、もしよろしければお話を聞いていただければと思います」と述べているのである。

集団的自衛権の行使容認により、自衛隊の運用が大きく広がり、一層、実力組織のコントロールが大きな課題となるという認識は、議員にどのくらい共有されていたのだろうか。軍隊の統制の失敗から戦後の日本が出発したという出発点への反省がどのくらい共有されているか、大いに疑問を抱かせた。

また、自衛隊の統制に特に重大な責任を負う防衛大臣が、次のような発言をしていることにも注意を払いたい。中谷防衛大臣は、防衛省設置法一二条改正に関し、記者から「いわゆる「文官統制」規定というのが、戦前軍部が独走、暴走してしまった反省から、先人の政治家達が作った規定だというふうに考えるかどうか」と聞かれ、「そう考えるかどうか。私は、その後生まれたわけで、当時どういう趣旨かどうかは分りませんが、本来のあるべき姿として、国家のために自衛隊は国を守る組織でありますので、自衛隊がしっかりと運用をしていくと。その上において、シビリアン・コントロールをいかにするかということもあって自衛隊法ができたと聞いております」と答えた。さらに記者が「もう一度伺う。いわゆる「文官統制」規定、参事官制度とか、一二条とか内局の運用課が運用に関わるとかそういった規定、いわゆる「文官統制」規定というのは戦前の軍部が独走した反省から防衛庁設置法ができた時に、先人の政治家達が作ったと考えられるかどうかという点を伺いたい」と質問した際には、「そういうふうに私は思いません」と答えている(二〇一五年二月二七日、中谷防衛大臣会見、防衛省HP)。全体として要領をえない受け答えであったものの、戦後の日本型文民統制に特別の思いはない（むしろ否定的とみえる）ことは窺われる。元陸上自衛官であることも影響しているのであろうが。「その後生まれた」ことは全く理由にならないのであって、文民統制をめぐるこれまでの経緯を踏まえて、これからどのように文民統制を実効的なものにしてゆけるか考える必要がある。そして、その際には自衛隊は政治の意思に従う組織である以上、何のために命を投げ出させるのか、その責任は政治にあることを重く受けとめたい。

文民統制をめぐる政府解釈

文民統制について、かつて国会で示されていた政府解釈は、たとえば次のようなものであった。

防衛政策遂行に当たり、シビリアンコントロールは非常に大切である。その際に、第一のステップは、防衛庁の内部の内局である。それから政府各部局の間の関係機関との間の協議であり、国防会議であり、内閣であり、そして最終的にはこの国会の場でのシビリアンコントロールが最高の権威のあるものだと思っている。（参議院内閣委員会、一九八五年六月二〇日、加藤紘一防衛庁長官）

第一義的に、防衛政策等を立案する際に、まず内局と制服とのいろいろな話し合いがあり、内局が制服をコントロールするという機能がある。そして内閣一体の責任で予算編成をする、あるいは防衛の基本政策を議論して決定する、それをより重要に位置づけるところに、かつての国防会議、今の安全保障会議というものがある。終局的なシビリアンコントロールの場は、国会そのものだと考える。（衆議院予算委員会、一九八八年二月二三日、竹下登首相）

すなわち、右文中で傍線を引いた箇所に見られるように、かつて示されていた理解では、内局（内部部局）が文民統制の主体にカウントされており、しかも重視されている点に特徴があった。先に見た中谷大臣の理解と大きく隔たっていることを確認したい。隔たりはこの間に生じた変化を物語っている。

生じた変化の流れを大まかにとらえるなら、防衛参事官制度に象徴されるような内局優位の仕組みからの転換であり、また、三自衛隊の部隊運用についての統合運用体制の進展である。変化のなかで、九条の下での文民統制という観点はほとんど見られなくなってきている。

文民統制について戦後日本では、背広組が制服組に優位する独特の文官優位の制度（「文官統制」ともいわれる）が作られて維持されていた。戦前日本で軍政と軍令が分けられて、軍令権（統帥権）が独立していたことが軍部の独走を許した一つの原因との理解や反省を背景に置いている。

もともと、警察予備隊令（一九五〇年）において、背広組（警察予備隊本部）が制服組（部隊中央本部。のちに総隊総監部）に優位する制度が設計され、旧内務官僚・警察官僚が要職に就いた。そのような仕組みが作られた背景事情には、当時、旧軍人の幕僚長就任問題や国防会議参事官への起用といった問題があったことが挙げられる。米中央情報局（CIA）の文書から、一九五二年七月に服部卓四郎（陸軍士官学校三四期・元陸軍大佐）を中心とする旧軍グループが、吉田茂首相の暗殺を企てていたとする報告が見つかったとのことである（「読売新聞」二〇〇七年二月二七日）。文官優位の仕組みが作られたことには、現実の必要性と必然性があったのだといえよう。

警察予備隊が廃止され保安庁が設置されて、法制上は、依然として保安隊は警察機関にとどまったものの、幕僚機関及び長官の補佐官たる幕僚長が置かれることとなった。同時に、長官官房及び各局が長官の幕僚長への指示につき補佐することを定める長官補佐権（なお官房、各局は保安庁全権限事務を分掌）と、内局課長以上の任用につき制服幹部の任用を禁じる任用資格制限規定という、文官が優位する仕組みが取り入れられ、文官優位の制度が法制上、確立した。

さらに、一九五二年一〇月七日には、吉田首相名で、制服組は内局を通さなければ、長官へ方針案や報告を上げることができず、他の省庁との調整業務を担当しうるのは内局だけであるという趣旨を規定した保安庁訓令が出された。これは、内局優位の仕組みにとって重要なポイントであったといえよう。警察予備隊から、幕僚機関の設置により制服組と背広組との間の力学が変わったため、「制服組を抑えるために出された通達」との理解も示されている。この訓令は、一九九七年に橋本龍太郎首相により廃止されるまで継続したが、つまりそれは内局優位の仕組みが、九七年には大きく動き始めていたことを示している。

さて時間を戻して、自衛隊の発足(防衛庁設置)の頃を見てみよう。防衛庁の設置にあたっては、一方で内局優位を支えていた任用資格制限が撤廃されたが、他方で参事官制度が設けられた。防衛参事官は、自衛隊の方針・計画に関する指示・承認および自衛隊の一般的監督という防衛庁の所掌事務に関する基本的方針の策定について、防衛庁長官を補佐することを任務としていた。

防衛庁設置法案が審査された第一九回国会においては、参事官制度について次のように述べられている。「内部の機構として参事官制度を設け、長官を補佐するこの制度によって、政治が軍事に優先するという建前を堅持して行きたい」(一九五四年三月一八日、参議院本会議、木村篤太郎保安庁長官)。すなわち参事官制度導入について、文民統制という観点から正当化されていたのであった。

時代が下り、防衛省のあり方が大きく変わるきっかけとなったのが、防衛施設庁談合事件などの防衛省・自衛隊の不祥事であった。これらの問題を理由に、二〇〇七年一二月、「防衛省改革会議」が官邸に設置され、翌〇八年七月に報告書が取りまとめられた。不祥事への対応ということだったが、これを契機として、防衛省の大規模な組織改編につながったのであった。そして、二〇〇九年に、戦後の文民統制の制度において中心的な重みを有してきた防衛参事官制度が廃止され、防衛大臣補佐官が新設された(二〇一四年四月国家公務員制度改革関連法により、防衛大臣補佐官は防衛大臣政策参与に置きかえられている)。

そのあとは、自衛隊の運用に関して、統合幕僚監部への一元化が急速に進んでいる。二〇一五年の防衛省設置法改正により、正式に法律上も決定的に性格を変えた。軍事専門的な補佐については制服組に一元化され、統幕長が統一的な運用構想を立案し、自衛隊の運用に関する大臣の補佐を一元的に行い、自衛隊の運用に関する大臣の指揮は、統幕長を通じて行われ、自衛隊の運用に関する命令は統幕長が執行する。そして、背広組の補佐の範囲は防衛省所掌事務の範囲内とされた。

また、国会での答弁で、「文官統制」が文民統制に当たらないことが明言され、かつ、この立場から、これまでの政府見解が再解釈されている。たとえば、「文民統制は民主主義国家において軍事に対する政治の優先を意味するものであり、防衛省においては、文民たる防衛大臣が自衛隊を管理運営し、副大臣及び政務官が大臣を補佐するという体制によって担保されている。したがって、防衛省職員である文官が自衛官を統制するといういわゆる文官統制は文民統制には該当しないと考えている。現在の防衛大臣の補佐体制は、文官を中心とする内部部局が防衛省・自衛隊の基本に係る政策的見地から、自衛官を中心とする各幕僚監部が軍事専門的見地から車の両輪として補佐するものであり、適切な役割分担の下、防衛大臣による的確な統制を支えている」、「昭和四十年に当時の防衛庁としての考え方を国会に対してお示ししている。その中では、政務次官や防衛参事官制度等、一部の現在の制度とは異なるものが含まれているが、文民統制とは政治の優先を意味するというものであり、いわゆる文官が自衛官を統制するという文官統制の考え方には立っていないと考えている」(二〇一四年六月五日、参議院外交防衛委員会、小野寺五典防衛大臣)とされた。先に見た中谷大臣の理解は、このような解釈に基づいている。

また、『平成二七年版防衛白書』では「このように、防衛省においては、防衛大臣が的確な判断を行うため、政策的見地からの大臣補佐と軍事専門的見地からの大臣補佐がいわば車の両輪としてバランス良く行われることを確保している」とし、改正後の防衛省設置法一二条について「防衛大臣を補佐する体制に関するこのような従来の考え方をより明確化した規定ぶりとしている」と説明している。

たしかに、右のような説明は過去の政府答弁と矛盾するとまではいえず、また右のような理解が誤りということではないが、かつての説明の仕方や力点の置き方から明らかに変化している。しかも、今日では、文官と自衛官を同一の次元で扱い、文民統制機能の強化を防衛大臣補佐体制の強化に還元して説明する傾向がみられる。ここに問題はないのだろうか。

文民統制に要求される一つの大きな役割は、軍事的合理性に対してバランスをとるための、軍事的判断とは異なる政治的判断の確保である。軍隊の統制は、とても難しい問題であるが、日本は九条により統制の客体を消滅させ、軍事的合理性の貫徹に抗する強い理由とすることでこれを行ってきたといえる。また、軍事的合理性が貫徹しない法制度は、安保・外交分野だけでなく、法体系のいろいろな側面に見出せるのであった。

長い間、政治のなかで具体的な実力の管理を、基本的には内局の背広組という官僚に頼って任せてきたものといえる。背広組は、制服組と政治的アクターとの間の公式な直接的繋がりを絶ちながら、これらの間を媒介することで、統制的役割を果たしてきた（廣瀬克哉『官僚と軍人』)。これについて、戦前の「統帥権の独立」と「帷幄《いあく》上奏制」の反省のもとで、制服組の独走を許さない制度を創り上げようとしたものという積極的な理解がある一方で、文民統制ではなく「文官」統制であり、軍事的合理性が著しく損なわれている等の批判もあったところである。

制服組が自衛隊の運用について前面に出てきたことは、実際のところ軍事的合理性にかなうことなのではあろう。軍事的適合性に重きが置かれ、制服組の権限が強化され、背広組の権限が縮小されるという変化を見ている。事態を複雑にさせるのは、どの時代にも、冒険主義的で好戦的な政治家がいることである。にもかかわらず、実質的に文民統制を確保する仕組みは十分な展開を見ていないことが問題である。つまり、バランスが大きく変わりつつあるのに、それへのカウンターとなるものが作られているとはいえないのである。

大臣、首相、国会と、政治にかかる統制の責任はいよいよ重くなっている。そういう状況であるが、国会にとって特に、文民統制は、他人事のようである。国会でなされた議論を見ると、文民統制を防衛省内部の問題として、あるいは政府の任務として捉えていて、自分たちが統制主体であるという感覚が希薄であるように思われてならない。全般的に見て、政治からは文民統制への気迫が感じられない。それでよいのか。

さらに文民統制の仕組みが、できるだけ国民の関心を惹かないよう、問題をなるべく小さく見せるよう、変更されてきたためか、文民統制について国民の関心も高いとはいえず、昔のままの意識でいるようにみえる。しかし「軍部独走」を許してしまった過去の失敗を想起し、政治が適切な統制をするよう、最終的には国民が監視することの重要性を強調したい。

第四章　平和と想像力、武器と紛争

第二章で見たように、二〇一四年七月一日の閣議決定において、憲法九条解釈が大きく変化した。いうならば理屈の上で〝底〟が抜けてしまったにも等しい。第三章では、これまで安保・防衛政策で用いられてきた説明におけるほころびが、もはや限界まで達していることを見てきた。とすると、「平和国家」という理想を掲げる日本が、これからどれくらいその理想を現実のものとできるかは、国民各自が、自らの心に平和への強い希求を持ち続けることができるかが、カギを握っているのではないか。本章ではこのような観点から、憲法九条を支えるものについて考察してみたい。

国家の安全や安心を抽象的に語るときには、武力が行使されることによって、子どもや親を亡くしたり、財産をなくしたりするのが生身の人間であるという事実を、忘れがちになる。国家は、「概念」である以上、決して血を流したり、痛みに耐えたり、命を落とすことがない。命の危険にさらされる側の痛みにどれだけ敏感であり続けることができるか。「もう二度と、絶対に戦争などダメだ」と想像力を持って語れるか、そういうことが、憲法九条、特にその二項という他の国にはない試みがこれからも意義を発揮しうるかにとって、重要だろう。

「人間の破壊力」と政府の行為

「一九四五年八月六日、人類は史上、最も恐ろしい惨事を目撃した。前例のない新しい方法によって、人間の破壊力がどれほどのものかを世界は初めて目の当たりにした」というのは、ヒロシマへの原爆投下についての第二六六代フランシスコ・ローマ教皇の言葉である(「毎日新聞」二〇一五年一月一三日)。私たちは、このようなことをもなしうる「人間の破壊力」に敏感にならなくてはならないだろう。暴力の犠牲となる者への想像力を持ち続けるにはどうしたらいいだろう。

日本国憲法前文は、「日本国民は、正当に選挙された国会における代表者を通じて行動し、われらとわれらの子孫のために、諸国民との協和による成果と、わが国全土にわたつて自由のもたらす恵沢を確保し、政府の行為によつて再び戦争の惨禍が起ることのないやうにすることを決意し、ここに主権が国民に存することを宣言し、この憲法を確定する」という一文から始まっている(四三頁参照)。

この文章の主語は「日本国民」である。法的にいえば、「日本国民」は「日本国」と同じ意味であるとはいえ、戦争の惨禍を起こしたのが「政府の行為」とされていることには、十分な注意を払いたい。戦争の惨禍というリアルな現実にあって辛酸を舐めるのは人間なのであって、国ではない。惨禍に苦しむのは国民、生身の人間である。前文で「決意」した日本国民の意味が、問われるべきである（水島朝穂「第九条」、小林孝輔・芹沢斉編『基本法コンメンタール　憲法』所収）。

原爆投下のスイッチを押す者、空襲を指揮する者、あるいは民族抹殺に関わる者など、手をくだすのは誰か人間であるが、それらの者は、国家のために、国家に命ぜられて行っているのが通常である。一人の凡庸な人間が、素手では到底なしえないような破壊力を、国家は国家の名において行使できる。

しかも、国家は人間ではないので、疲れや満足を知らない。「テロとの戦い」は止まるところがなく、暴力の応酬の連鎖が続いていることに見てとれるように、物理的な限界なく、破壊力は拡張しうる。「国の存立」「安全・安心」「抑止力」「安全保障環境の悪化」という抽象的な言葉がどんどん増えているが、だからこそ国家を突き放して考えて、現実の生活を送る人々――日本国民であれ、他国の人であれ――を想像し続けたい。

「聞け野人の声」

日本国憲法成立にあたっては、連合国やアメリカ政府の対日戦後処理政策の方針として、非武装・非軍事化があり、それはポツダム宣言にも表れている。また、国体の護持などのために、日本の側にも九条を「避雷針」として必要とする理由があった。

日本国憲法制定の際に、「政府の行為」が「戦争の惨禍を起こしたこと」の意味は、日本の為政者の側にも観念的ではなくリアルなものとして、理解されていた側面があることに注目したい。このことを、『分類帝国憲法改正審議録　戦争放棄編』(一九五二年)に収められている幣《し》原《で》喜《はら》重郎(一九五一年没)の「軍備全廃の決意」という文章に確認しよう。これは幣原の『外交五十年』から転載されたものである。

幣原は外交官出身であり、国際協調主義に基づく「幣原外交」で知られた。終戦末期の頃は政治の表舞台にはいなかったが、大戦後の一九四五年に第四四代内閣総理大臣に就任している。九条の起源として、幣原の発言が機となってマッカーサーが骨子としたという説が、通説として説かれている。

『分類帝国憲法改正審議録　戦争放棄編』は参議院事務局が編んだもので、制憲議会となった第九〇回帝国議会（一九四六年）の貴族院においてなされた戦争放棄に関わる議論を集めたものである。この本の序文を書いたのが当時の首相である吉田茂だが、序文よりも前に幣原の文章が掲げられていることに注目したい。一部を引用する。

聞け野人の声

……乗客の中に、三十代ぐらいの元気のいい男がいて、大きな声で、向側の乗客を呼びこう叫んだのである。

「一たい君は、こうまで、日本が追いつめられたのを知っていたのか。なぜ戦争をしなければならなかったのか。おれは政府の発表したものを熱心に読んだが、なぜこんな大きな戦争をしなければならなかったのか、ちっとも判らない。……怪しからんのはわれわれを騙し討ちにした当局の連中だ」と、盛んに怒鳴っていたが、しまいにはオイ〳〵泣き出した。車内の群集もこれに呼応して、そうだ〳〵といってワイ〳〵騒ぐ。

私はこの光景を見て、深く心を打たれた。……われ〳〵の子孫をして、再びこのような、自らの意思でもない戦争の悲惨事を味わしめぬよう、政治の組立から改めなければならぬということを、私はその時深く感じたのであった。

そしてこの後、「軍備全廃の決意」と続いている。さて、右の文章が序文よりも前に置かれているのは、どうしてだろうか。この文書の見出しは「聞け野人の声」である。幣原が戦後すぐに電車の中で出くわした場面であった。「アメリカ製日本憲法」という理解が、「全く皮相の見に過ぎない」と示すことが、この論稿が書物に転載された理由として掲げられている。幣原のみならず、国を動かした為政者の側の、「自らの意思でもない戦争の悲惨事」を味わってしまった人々に対する、ある種の共有された認識を示しているのではないか。

戦争は生身の人間に対して、国家という「概念」のために、人を殺し、あるいは殺されることを強制するものである。時に、私たちは国家を擬人化し、まるで自分が日本を背負っているかのような物いいをしてしまうことがある。しかし、国家を突き放してみることは、集団的自衛権の行使容認という時代の転換にあたって、これまで以上に必要となっている。右の文章では「野人」が「騙し討ちにされた」とオイオイ泣き、それが幣原の心に響いたものではあるが、第二次世界大戦という、とてつもなく愚かな経験を胸に刻み反省するなら、私たちはこの先、「騙されていた」として責任を免れることは、もうできないだろう。

しばしば、日本国憲法は「平和憲法」と呼ばれ、九条は「平和条項」と呼ばれるが、それには十二分過ぎるほどの理由がある。つまり平和が出発点なのである。そしてそれは、リアルな平和であるはずだ。

「平和憲法」という時、しばしば意図されているのは、「戦争状態ではない」という意味での法的な「平和」に止まらず、「人間らしく人格が尊重されて平和のうちに幸せに生きること」とか、場合によっては「構造的な差別が存在しない状態(「積極的平和」)」(ヨハン・ガルトゥング『構造的暴力と平和』)も含められている。

「平和」は「平和憲法」があるから自動的に実現されるわけではない。また、「平和憲法」がなくなると自動的に「平和」ではなくなるというわけでもない。家庭、教育、職場、社会、そして国境を越えた草の根の活動などで、私たちが実際に「平和」について考え、それに従って行動をすることが平和の達成や維持には不可欠である。

九条の背後にあるべき、実体的な「平和」という価値について、憲法の言葉で語りうることには限りがあるが、平和への強い希求なく、平和が達成されるものではない。九条を九条たらしめてきたのは、そのような「平和への意志」なのであろう。「戦争は、絶対にダメだ」という感覚なしには九条とか平和主義を、少なくともこれまでと同じ形でそのまま維持していくことは、無理なのではないか。

女性・平等・戦争

この点で女性と戦争について触れておく。「女性」とひと口にいっても、単一の運動体があるわけではもちろんなく、「女性は云々」とまとめるのがふさわしくない場面も多い。しかし、今日においても、女性が女性であることによって不利に扱われる状況が厳として存在しているからこそ、政府も「すべての女性が輝く社会づくり」を推進しているのであろう(とくに「一億総活躍社会」を二〇一五年秋に持ち出すなど)。なお、自民党の憲法漫画「ほのぼの一家の憲法改正ってなあに?」に描かれているお母さんの姿は、「女性のイメージ」として示唆的である。机をドンドン叩き、ブチ切れ、無知であり、年長男性に教え諭される存在なのである。そこで、女性とひと口にいってしまうことの限界に留意しながら、男女平等や戦争を考えてみたい。

まず平等について、二〇一六年三月七日に国連の女子差別撤廃委員会が公表した「最終見解」は、慰安婦問題も含め、日本が抱える男女差別問題への政府の姿勢を厳しく指摘するものであった。国連委の最終見解は、夫婦同姓問題について「実際には女性に夫の姓を強制している」として民法改正を求め、また民法が再婚禁止期間を定めていることについて「女性に対してだけ、特定の期間の再婚を禁じている」として禁止期間自体をなくすよう求めるものであった(「朝日新聞」二〇一六年三月一〇日、等)。

また見解の草稿段階では、日本の皇位継承権が男系男子だけにあることについて、女性差別であるとして皇室典範改正への言及もあったことは国会でも取り上げられ、批判や反発がなされた(二〇一六年三月九日、参議院予算委員会、「日本のこころ」和田政宗委員、三月一四日、参議院予算委員会、安倍首相)。

詳細はここでは省くが、筆者は、皇位継承権が女性にないことについて、平等について定める日本国憲法一四条に違反すると立論するのは難しいと考えている。しかし、皇位継承問題の根っこに女性差別があるのは間違いあるまい。思い起こされるのは、イギリスの王位継承法(一七〇一年)が見直されて、男女に関係なく最初に生まれた子が王位に就くことになった件である(二〇一一年)。キャメロン首相が、英連邦の首脳会談にあたって、英連邦諸国の首相に宛てた手紙の中で次のように述べていた。

「イギリスでは王位継承をのぞいて、生活のあらゆる場面で男女平等が支持されている」。

筆者はこれを読んだときに、「なるほどなあ」と思った。日本で皇室典範一条改正が当然のこととならないのは、日本社会での生活場面をみれば合点がゆく。日本の社会で男女平等というのは、まだまだ、先の話なのだろう。

次に女性と戦争について、少し考えておきたい。

二〇一五年七月に行われた「毎日新聞」の世論調査では、国会で論戦の続いていた安保関連法案に、六九％の女性が反対の意を表明した。「産経新聞」と「FNN」が安保関連法制定を受けて九月に行った世論調査では、男性で安保関連法制定を「評価する」が四八・〇％であり、「評価しない」が四九・七％であったところ、女性では「評価しない」が六三・二％、「評価する」が二九・二％であった。

女性が安保関連法に反対し、評価しないのはなぜか。「朝日新聞」のジョン・ダワー氏へのインタビュー記事のなかに、次のような話が含まれていた。朝鮮戦争の頃に、当時の吉田茂首相がジョン・ダレスから「憲法を改正せよ」と迫られた時に、次のように述べたという。「女性たちが必ず反対するから、改憲は不可能だ。女性に投票権を与えたのはあなた方ですよ」（「朝日新聞」二〇一五年八月四日）。「女性たちが必ず反対する」とは、国家に命を差し出す子どもを産めという、いわば消耗品を生産せよという要求がいかに辛いものであったかを吉田首相がよくわかっていたからこその言葉ではないか。

「だれの子どももころさせない」を合言葉に二〇一五年に京都で発足した「ママの会」が全国に急速に広がった。兵士は消耗品ではなく、また、空爆で巻き添えになる民間人は「付随的損失」(collateral damage)などではない。日常生活というリアルに裏付けられた感覚の重要性を改めて確認したい。

さて、さらに考えておきたいのは、女性は為政者にとって、便利な集団にも「やっかいな存在」にもなりうるという点である。場合によっては、戦争を止めるのではなく、むしろあおる側にまわることもある。女性が戦争に資する潜在的エネルギーは巨大である。為政者が「うまく利用したい」と思うのは当然であり、それは限りある資源の有効活用という、合理的な思考である。

第二次世界大戦において、女性は戦争の被害者でもあったが、同時に戦争遂行に重要な役割も果たしたのであった。再び同じ過ちを犯さぬよう、「女性の活躍」や「女性が輝く」ことが喧伝される社会で、注意を怠ってはならないだろう。

第二次世界大戦を遂行するにあたって、上からの組織化ではなくて下からの組織化ということで有名なのは、「かっぽう着とたすき姿」で有名な国防婦人会である。最終的に軍事体制に組み込まれていったわけだが、大阪で生まれた最初期の頃や、それがほかの地域に広がっていった初期の段階は少なくとも、「お世話をしてあげたい」という、まごころからの行動であったようにみえる。また台所からの女性の解放という意味もあった。

握り飯を作る、湯茶をふるまう、洗濯をする、出征兵士を見送り遺骨を迎える、そして遺族に心をくばる。こうした、まごころからの行動は、戦争遂行に必要不可欠な、マンパワーでもあった。戦争に消極的であったり、ためらいを示したりしていた女性たちも最終的には戦争遂行の歯車になってしまった。それは一体なぜなのか。戦争に関わり、当事者になることで、社会的に「認められる」、社会的に「求められる」、社会で「役立っている」という社会的承認が果たした部分も大きかったのではないか。

戦前民法の家制度で女性は、結婚すると法的無能力者とされていたのであり、自らの子どもについても、法的な権限を持っていなかった。また富国強兵政策として「産めよ育てよ」というスローガンを掲げた人口政策がとられていた。しかも参政権がなかったのであるから、政治過程や政策決定過程から、女性の声は排除されていた。

そのようななかで、婦人参政権を求める運動が、日本でも長い歴史を持っていることは忘れてはなるまい。市川房枝たちを中心とした婦選運動は大日本帝国憲法下の時代から、民権運動とともに参政権を要求してきた。吉田茂の言葉として「投票権を与えたのはあなた方ですよ」を先に紹介したが、「目が覚めたら枕元に選挙権があった」という話ではないのである。一九四五年の衆議院議員選挙法改正により翌年四月一〇日の衆議院議員選挙で選ばれた議員が、日本国憲法制定に携わったのであるが、その憲法制定議会に三九名もの女性議員がいたのは、婦選運動が戦前からあったことの積み重ねというべきであろう。衆議院議員選挙に立候補した女性は七九名であり、その四九・三%が当選したのであった。

今日なお、多くの女性が構造的な格差の中に存在していて、恒常的に社会的承認が不足した状態にある。実効的に集団的自衛権が行使できたり、世界大で他国軍の後方支援ができたりという「戦える国」にするには、女性は公的な承認への渇望状況に置かれているという前提で、女性を組み込む戦略が立てられることだろう。くり返しになるが、女性を巻き込まなければ、うまく回らないからである。

武器・ビジネス・紛争

紛争で多くの人が亡くなっている一つの大きな原因は武器の使用であり、想像力をもって平和を考える上で、武器の問題を避けては通れないはずだ。本章の後半ではこのテーマを扱いたい。

いまはボタンひとつで、一万キロも離れたところから人を殺すことも可能となっている。無人機を遠隔操作して攻撃する「テロリスト掃討作戦」が、アフガニスタンやイラク、イエメン等で行われており、多数の民間人犠牲者(「付随的損失」)を生み、国際的な批判を浴び、また憎悪の連鎖を生んでいる。

パキスタンの一一歳のナビラ・レフマンさんのおばあさんは、畑で野菜を摘んでいたところ米国の無人機攻撃により亡くなり、ナビラさん自身も含め家族も負傷した。「私が海外でできるのは、罪のない人がたくさん殺されていると声を上げ続けることです」という(「朝日新聞」二〇一五年一一月一八日)。そして、元兵士らの中からは、「われわれが罪のない民間人を殺していることは、憎しみの感情を高ぶらせ、テロやISのような組織を刺激しているだけだ」と、オバマ大統領らに公開書簡を送る者も現れている(「赤旗」二〇一五年一一月二〇日など)。

もしかすると、もはや日本国民の意識の中で「平和国家であること」と「武器輸出をしないこと」は、繋がっていないのかもしれない。しかし、武器輸出に限界を設けるということは、日本国憲法の下での少なくともある時期までは、「平和憲法」の理念を実現するための具体的な方法として模索されていたのであり、単なる政策を超える規範として、武器禁輸政策があったことを思い出したい。長らく日本は、実質的に世界の全ての地域に防衛装備の輸出を認めないとする武器禁輸政策をとっていたのだった。いわゆる「武器輸出三原則」である。

安全保障に必要とされる以上の武器・技術が蓄積されることは、その地域を不安定とし、紛争を誘発する。たとえば冷戦が緩んできたころにNATOと旧ワルシャワ条約機構は相次いで軍縮したが（欧州通常戦力条約＝CFE〈一九九〇年〉）、防衛関連企業が過剰能力を抱えることになり、その余波として中東に販路が求められたのであった。湾岸戦争を経て、その反省の上に国際的に軍備の輸出が管理されるようになってきた。

しかし今日でも中東に大量の武器が流れ込む状態は続き、さらに悪化している。そしてそのことが、今日の中東の混乱の背景にあると指摘されている。アメリカの報道番組「デモクラシー・ナウ！」は、オバマ大統領が最初の五年間で認可したアメリカの武器輸出額が一六九〇億ドル以上であって、ブッシュ政権の八年間の総額である三〇〇億ドルも上回っていること、その六割は中東に輸出され、最大の輸入国はサウジアラビアであることなどを、国際政策研究所の武器取引専門家ウィリアム・ハートゥングの話として紹介している（二〇一五年四月七日放送：http://democracynow.jp/video/20150407-2）。アメリカの国防予算の縮小が、武器の輸出増と結びついているのである。なおストックホルム国際平和研究所（SIPRI）によると、サウジアラビアの二〇一四年の年間軍費（八〇八億ドル）は、GDPの一〇・四％であり、軍事費が世界で一番拡大した国である。

なお右に紹介した「デモクラシー・ナウ！」の放送では、中東と東アジア（日中間の緊張を特に挙げている）を「成長市場」としてあ、け、す、けに語るロッキード・マーチン社のCEOマリリン・ヒューソンの決算報告会での言葉を聞くことができる。

「我が国の存立を守る」ことと軍需ビジネスの間の関係が、いかに深いものであるかを念頭に置かないといけないだろう。武器輸出三原則が撤廃され、二〇一五年のガイドライン改定がなされてから、アメリカなどの軍需企業が日本への売り込みを強めているという(「東京新聞」二〇一五年一一月七日など)。また、軍需企業一二社が同行した安倍首相の中東訪問で、「防衛交流」の進展が合意されている(二〇一四年三月一二日、参議院予算委員会、井上哲士委員。「赤旗」二〇一四年三月一三日)。そして、後述するように防衛省が軍事技術への応用可能な基礎研究に研究費を支給する公募制度を始めており、大学も応募するようになっている。

軍需産業や軍事研究と武器輸出のあり方が大きく変わろうとしているのである。憲法との関係をいま一度検討し、武器によって人が死ぬことの意味を、考えておきたい。

大きく変化する武器輸出

安倍政権は武器輸出拡大を成長戦略と位置づけている(「東京新聞」二〇一五年一〇月一日など)。「国際紛争を助長することを回避する」という平和国家としての基本理念を掲げてきていた日本の姿勢からすれば大きな転換である。

武器輸出は、二〇一四年に原則容認されてから、著しい変化が生じている。目下、目玉となっているのは、オーストラリアの次期潜水艦の共同開発である。オーストラリアとの間では、二〇一四年七月に、防衛装備品及び技術の移転に関する協定が結ばれている。同日に発表された日豪首脳共同声明のなかで、潜水艦の技術に関する基礎的な共同研究について盛り込まれ、自衛隊と豪軍の共同運用・訓練を円滑にする協定策定へ向けた交渉の開始も決定された。

オーストラリアとの共同開発について業界の企業幹部からの懸念として、「東京新聞」は、「共同開発で技術が流出すれば、日本の安全保障そのものが揺らぐ。日本政府にその対策が十分取れているとは言い難い」と紹介している(二〇一六年二月五日)。わが国は工廠(国営工場)が存在しないため、生産基盤のすべてと技術基盤の多くを防衛産業が担っており、防衛産業は防衛力の一翼であるから、国は防衛産業の安定的な保持に努めなければならないなどといわれてきた。高度な技術が必要とされる潜水艦については、三菱重工業と川崎造船(川崎重工業)が毎年交互で防衛省から受注して、技術を継承・保護する政策がとられてきている。これらに鑑みると、他国との潜水艦の共同開発は、従来の説明とは、軌を一にしないようにも見える。

さらにオーストラリアとの潜水艦協力については、河野統合幕僚長が「(豪州が日本製を選べば)日米豪による潜水艦プロジェクトになる。そうなれば、将来、装備だけでなく、潜水艦のオペレーションの協力も三カ国で進めていこうという話になり得る」と語っている(「日本経済新聞」二〇一六年一月一二日)。つまり共同開発は、将来的な共同運用と密接に関わっているのであって、武器輸出は単に経済問題であるばかりでなく、安保・外交政策の柱の一つであることを確認したい。

禁輸政策を振り返る——三原則の意味

第二章でも見たように、歴代政権は憲法九条を「単なる理想」と解するのではなく、安保政策を外在的に枠づける法規範としての力を認めてきた。その結果として、具体的な諸政策が、憲法九条に枠づけられながら、同時に九条を具体化するものとして作られてきたのだった。

三原則は、「平和国家」や「国際紛争を助長することを回避する」という基本理念に基づくものとされていた。前に紹介した外務省の作成したファクト・シート「平和国家としての六〇年の歩み」(二〇〇五年七月)でも、「この平和国家の理念に基づいた我が国の取組み」の一つに、「国際紛争助長の回避」のための具体的な取組みとして、「武器の供給源とならず、武器の売買で利益を得ない(「武器輸出三原則」)」と「唯一の被爆国としての核兵器廃絶に向けた取組み」とが記されていた。すなわち、武器輸出三原則は、憲法の謳う強い平和主義へのコミットメントを具体化する施策として捉えられていたものといえる。

三原則は、憲法上の原則でも、法律で定められたものでもなく、法的位置づけとしては、「外国為替及び外国貿易法（外為法）に基づく政令（輸出貿易管理令、外国為替令）別表の運用指針」であった。

しかし法的位置づけが曖昧だからといって、三原則は「単に内部的な指針にとどまるものだった」と結論づけるのは、適切ではない。それが規範としての力を持っていて、従うべき権威として通用していたためである。

たとえば、二〇一三年一二月五日に三原則見直しの原案が与党により示されて、国会での十分な議論がないなかである二〇一四年二月に行われた共同通信社の世論調査によれば、三原則緩和に「反対」が六六・八%、賛成が二五・七%だった。七割近い反対論の存在は、少なくとも多くの国民にとって、その当時、三原則は「法」として認識されていたことを示していよう。「国是」ともいわれ、守るべき法として、少なくとも最近まで、広く認識されてきたのである。三原則の関わる問題については、これを法として認識し支える人々の意識の働きが大きかったことに留意したい。

そもそも三原則の原型は、東西冷戦下における対共産圏輸出統制委員会（ココム）の規制の一環として、通産省（当時）のとっていた内部方針であった。

ココムについて若干の説明をしておくと、これはアメリカによって共産圏諸国「封じ込め」の目的で一九四九年一一月に秘密裏に発足され、一九九四年三月末に発展的に解散された冷戦型の対共産圏輸出管理レジームであった。冷戦下に、ＮＡＴＯや日米安保体制といった軍事同盟を、通商・技術の面で支えていた。

ココムは法的拘束力を有する条約ではなく、紳士協定にもとづく非公式の国際組織で、政策決定の一切が非公開であった。加盟国はココム・リストと呼ばれる規制品目リストにより、国内の輸出管理法制を用いて規制を実施し、リストに載っている戦略物資につき、共産圏諸国へは原則として輸出が禁止され、それ以外の国への輸出の場合には輸入証明書と通関証明書による規制をして、輸出国の許可なく共産圏諸国へ流れることを防ぐ措置がとられていた。

日本はココムの発足当時には参加していなかったものの、当時は外国貿易自体が占領軍の管理下に置かれたのであり、当初からアメリカの意向に基づく通商政策が適用されていた。朝鮮戦争の最中の一九五二年に日本はココムに加盟し、西側諸国と同じく戦略物資の輸出規制を開始した。

当初、日本でココム規制は、「安全保障目的の輸出管理」として明確な形で実行されていたわけではなく、対外取引管理を定める経済法である外国為替及び外国貿易法(外為法)を用いて、本来的には軍事色及び政治色が強いココム輸出規制が実施されてきた。それは意図的に安全保障目的を隠蔽するということとは違っていて、輸出管理と安全保障は、必ずしも密接不可分とは考えられておらず、切り離されて、経済問題として理解する向きも強くあったものと思われる。

一九六七年四月二一日の衆議院決算委員会で、東京大学の開発したペンシルロケットをインドネシアやユーゴスラビアへ輸出した問題について、日本国憲法の平和主義の精神から考えれば日本で開発製造された武器が外国に行くことはいけないのではないかと追及されたのに対して、佐藤栄作首相が当時の通産省の内部方針を答えたことが、武器禁輸政策としての三原則へと展開するきっかけとなった。

……輸出貿易管理令で特に制限をして、こういう場合は送ってはならぬという場合があります。それはいま申し上げましたように、戦争をしている国、あるいはまた共産国向けの場合、あるいは国連決議により武器等の輸出の禁止がされている国向けの場合、それとただいま国際紛争中の当事国またはそのおそれのある国向け、こういうのは輸出してはならない。こういうことになっております。これは厳に慎んでそのとおりやるつもりであります。

すなわち、(イ)武器輸出自体は前提として、(ロ)前述の通産省の内部方針を確認し、(ハ)これが遵守されることを約束したのである。

佐藤首相は右の(イ)については問題になるとは思っていなかったと考えられる。たとえば、自衛隊用であろうがなかろうが、海外へ武器輸出はするべきではないのではないかという質問に対して、「武器輸出を目的には製造しないが、これまでもそうであったように、輸出貿易管理令の運用上、差し支えない範囲においては輸出することができる」といった趣旨の答弁をしているのである。つまり三原則表明とは、この段階では、「無制限に武器を輸出しないこと」を意味していたにすぎない。

三原則表明について二点を強調しておきたい。第一は、佐藤首相は武器輸出を禁じるつもりはなく確認しただけだったとはいえ、三原則という形で表明されたことは、国民や国際社会へ強いアピール力をもち、現実への波及効果として輸出管理運用の厳格化があったということである。

次に、ベトナム戦争に反対し、日本で作った武器が人を殺すことに反対する世論の力が、国会での議論を後押しして三原則の表明をさせた点である。本原則を含め、非核三原則、集団的自衛権の否認、徴兵制の禁止、防衛費のGNP比一パーセント枠設定など、日本国憲法の平和主義の下での防衛政策形成に際し、国民代表機関である国会が、平和主義を防衛政策形成に具現化するのに大きな役割を果たしてきた。三原則による武器禁輸という選択は、国民が憲法を解釈して具体化させた一つの形であったともいえるだろう。

さて一九七三年秋にオイルショックが起こり、産業界からの武器輸出解禁を望む圧力は強くなった。そして中型輸送機C1や多用途飛行艇US1などの輸出促進について、日本航空宇宙工業会が政府に要請したことから具体的な問題に発展する。

通産省は輸出令にいう武器を、「軍隊が人命の殺傷及び破壊等、直接戦闘に使うものを武器といい、艦船、機関銃や銃座を据えたトラック、掃海艇、偵察機まで武器ということになっている」としており、この定義からするとC1やUS1は、汎用性があり特別仕様をして軍需用にされたものでないかぎり武器ではないことになる。この理解を背景に河本敏夫通産相が、一九七六年一月の記者会見でC1輸出承認の考えを示した。これを契機に国会での議論が高まり、以下の統一見解を同年二月二七日に政府は出すこととなったのであった。傍線を引いた部分は、後で検討の対象とする。

一、政府の方針

「武器」の輸出については、平和国家としての我が国の立場から、それによって国際紛争等を助長することを回避するため、政府としては、従来から慎重に対処しており、今後とも、次の方針により処理するものとし、その輸出を促進することはしない。

(一)三原則対象地域については、「武器」の輸出を認めない。

(二)三原則対象地域以外の地域については、憲法及び外国為替及び外国貿易管理法の精神にのっとり、「武器」の輸出を慎むものとする。

(三)武器製造関連設備(輸出貿易管理令別表第一の第一〇九の項など)の輸出については、「武器」に準じて取り扱うものとする。

このように一九七六年政府統一方針では三原則に加え、「三原則対象地域以外の地域については、憲法及び外国為替及び外国貿易管理法の精神にのっとり、「武器」の輸出を慎む」という原則が加えられた。

七六年見解について、以下の点が重要である。第一に武器禁輸政策の内容が、より一層厳しくされた点である。一九六七年の三原則で武器輸出は「原則として認めない」とされていたのが、「認めない」となった。そして、三原則対象地域以外の地域への武器輸出が、原案では「慎重に扱う」だったのが「慎む」となった。もっとも、その意味するところは、三木首相の答弁によると「政府の消極的な態度の表現」であり、武器輸出禁止までには至らなかったのであるが。

第二に、一方においてこのように強化されたものの、結局C1もUS1も「武器ではない」ことになった点である。これらは防衛庁(当時)が企業と共同開発したもので、本来軍用のものといえる。「武器」の範囲を限定することにより、輸出管理上は武器とされない物資の輸出が図られるという手法がとられたわけである。

一九八一年には、堀田ハガネという商社が、韓国へ砲身の半製品を輸出承認なしに輸出したことを、「読売新聞」がスクープした(堀田ハガネ事件)。この事件をきっかけに国会で論議がなされ、社共両党が「武器輸出禁止法」を制定すべしと主張する。しかし、これに政府が応じることはなく、輸出令の厳格な運用で対処するという立場は崩されなかったが、法律を制定するかわりに、堀田ハガネ事件のような事件が再発することを防止し規制を徹底する趣旨により、一九八一年に武器輸出に関する国会決議がなされた。これについても、傍線の言い回しにご留意いただきたい。

武器輸出問題等に関する決議

わが国は、日本国憲法の理念である平和国家としての立場をふまえ、武器輸出三原則並びに昭和五一年政府統一方針に基づいて、武器輸出について慎重に対処してきたところである。

しかるに、近時右方針に反した事例を生じたことは遺憾である。

よって政府は、武器輸出について、厳正かつ慎重な態度をもって対処すると共に制度上の改善を含め実効ある措置を講ずべきである。

右決議する。

なお、この決議を受け、日本兵器工業会(現・日本防衛装備工業会)は定款を改正し、実施事業項目から「輸出振興に関すること」を削除することとなった。

国会で武器輸出に関する決議がなされた一方において、時を同じくして禁輸政策を緩和に向かわせる圧力がアメリカから加えられていた。堀田ハガネ事件がスクープされる数カ月前の、一九八〇年九月に行われた日米技術・装備定期協議第一回の会合で、アメリカから武器技術提供を受けたい旨が打診される。そして、国会決議がなされた三カ月後の一九八一年六月に、アメリカから武器技術を相互交流にすべきとの問題提起が正式になされた。日米経済摩擦を背景にしている。

紆余曲折を経た後、結局、当時の中曽根康弘首相の「首相裁断」がなされ、一九八三年一月一四日、中曽根内閣は閣議で対米武器技術供与を三原則の例外とすることについて了承し、後藤田正晴官房長官が左の談話を発表することになった。さらに、閣議後の記者会見で対米武器技術供与の対象は武器の試作品までであり、武器そのものは含まれないことなどが明らかにされた。この談話についても、傍線の言い回しにご留意いただきたい。

一、日米安保体制の下において日米両国は相互に協力してそれぞれの防衛力を維持し、発展させることとされており、これまで我が国は米国から防衛力整備のため、技術の供与を含め各種の協力を得てきている。近年我が国の技術水準が向上してきたこと等の新たな状況を考慮すれば、我が国としても、防衛分野における米国との技術の相互交流を図ることが、日米安保体制の効果的運用を確保する上で極めて重要となっている。これは、防衛分野における日米間の相互協力を定めた日米安保条約及び関連取極の趣旨に沿うゆえんであり、また、我が国及び極東の平和と安全に資するものである。

二、政府は、これまで武器等の輸出については武器輸出三原則（昭和五一年二月二七日の武器輸出に関する政府方針等を含む。）によって対処してきたところであるが、上記にかんがみ、米国の要請に応じ、相互交流の一環として米国に武器技術（その供与を実効あらしめるため必要な物品であって武器に該当するものを含む。）を供与する途を開くこととし、その供与に当たっては、武器輸出三原則によらないこととする。この場合、本件供与は日米相互防衛援助協定の関連規定に基づく枠組みの下で実施することとし、これにより国際紛争等を助長することを回避するという武器輸出三原則のよって立つ平和国家としての基本理念は確保されることとなる。

三、なお、政府としては、今後とも、基本的には武器輸出三原則を堅持し、昭和五六年三月の武器輸出問題等に関する国会決議の趣旨を尊重していく考えであることは言うまでもない。

二〇一五年一二月に公開された外務省の外交文書によると、一九八三年の対米武器技術供与について、中曽根首相が訪米前に大河原良雄駐米大使に対し、「自分が決断すればいいことなので、いけると考える。国会が止まることも覚悟して対処。三原則との関係については、メリット・デメリットを法制局等で検討の上、判断」と述べていた。また回顧録のなかで中曽根元首相は、「対米武器技術供与は、アメリカから働きかけがあったわけではなく、私の独自の判断で積極的にやっていきました。これは前からの懸念で、内閣法制局が一番の関門でした。日本の安全保障政策、平和外交に抵触するという議論が、法制局内部にあり、角田禮次郎法制局長官が困っていました」と述べている。中曽根氏曰く、「武器をそのまま向こうへ渡すのではなくて、ノウハウを教えてやるなら憲法違反にならないという私の解釈を法制局長官に話して口説いた」とのことである（『中曽根康弘が語る戦後日本外交』）。

三原則の法的ステータスは常に曖昧だったのだが、この当時、内閣法制局も中曽根元首相も、対米武器技術供与について憲法との関係で問題であると認識していた点には、大いに関心をそそられる。少なくとも、武器輸出問題は、現実には単なる政策問題ではなかったということが、ここに確認できるだろう。

その後、大きな事件が起こる。東芝機械事件である。これは、東芝機械がココム規制に該当する大型船舶用九軸同時制御プロペラ加工機（NC工作機）を、ココム規制に該当しない二軸制御加工機であるかのように偽装して、作動用ソフトとともに旧ソ連に輸出したという事件だった。

一九八五年に取引関係者がココムへ通報したことから事件が表面化したが、当初、日本政府はココム違反事実の存在はないとしていた。しかしアメリカ側からの再三にわたる抗議により、日本国政府の責任問題の様相を呈するようになる。九軸プロペラ加工機の輸出によって、旧ソ連が原子力潜水艦のスクリュー音の低下に成功し、西側の安全保障に多大な脅威を与えたとアメリカは主張し、いわゆる「東芝たたき」、「日本たたき」の猛烈な政治的圧力の中で、対応策がバタバタと決められていった。そして一挙に体制が整備され、輸出管理と安全保障が密接に結び付けられることとなった。

安全保障目的での輸出管理の必要性を政府が実感したことを示す発言として、たとえば、「今回のココム事件につきまして我々が痛感いたしますのは、戦略物資の輸出規制の実施が我が国及び自由主義諸国の安全保障の上で重要であるという認識がございます。この点がいろんな面で欠けている点があるということでございます」という倉成正外務大臣の参議院予算委員会での答弁がある(一九八七年七月二二日)。さらに、中曽根首相も貿易のあり方を安全保障との関連で再検討する必要がある旨の発言をしている(一九八七年七月二〇日、参議院予算委員会)。

政策の転換へ

さて実質的に三原則の転換が行われたのは、民主党政権の下であった。二〇一一年一二月の包括的例外化である。

これは、同年一一月から一二月にかけての、わずか三回の副大臣級非公式会合だけで決定されたものだった。第一回会合の後に開かれた記者会見で山根隆治外務副大臣は、「武器輸出ということになりますと、やはり国民の皆様の思いも、「えっ」というような思いにもなられると思いますけれども、……国民の皆様にもわかりやすく、しっかりと説明していく必要があるのだろうと思っております」と述べていた。ここにも「武器輸出にかかわる政策変更に国民的議論があって然るべき」という認識があったのであろうことは窺える。

しかし結局は、年も押し詰まっての一二月二七日に、国会での議論も国民的議論もないまま、閣議決定を経た官房長官談話として、三原則への例外措置に「基準」が示され、包括的に三原則への例外とすることが発表されたのであった。武器の「目的外使用」や「第三国移転」に日本政府の事前同意を必要とするなどを前提とされながらも、「平和貢献・国際協力」に伴う装備品供与と、「我が国との間で安全保障面での協力関係がありその国との共同開発・生産が我が国の安全保障に資する場合」の「防衛装備品等の国際共同開発・生産」が、その内容である。

国会を迂回して、これらの決定がなされたことに、注意を喚起したい。これが仮に国会で議論されたとするなら、「平和国家と言えるのか」、「地球上をほぼ網羅している国連にさえ入っていれば平和国家なのか」、「我々はそういうものではないものとして、平和国家をつくってきたはずだ」という議論が起こったかもしれない。それは、国民が政策の当否について考えるきっかけとなり、十分な理由を述べることについて、政権は動機づけられたかもしれない。

ただ、この官房長官談話では「武器輸出三原則等については、国際紛争等を助長することを回避するという平和国家としての基本理念に基づくもの」とあり、従来と同じフレーズが使われていること、例外に当たるもの以外の輸出について「引き続きこれに基づき慎重に対処する」ことが維持されてはいた。

　この包括的例外化を受けて可能となった「初の装備品移転」として広く報ぜられたのは、ハイチへのブルドーザーなどの重機譲与である。二〇一〇年のハイチ大地震で倒壊した建物の瓦礫の撤去や道路の補修等のために派遣された自衛隊ＰＫＯが、撤収する際に現地で使用した重機一四両をハイチに譲与したが、そのうち四台がライフルホルダー等のついた重機であった。たしかに、「武器」に分類される重機が贈られたのは、この時が初めてである。しかしながら、武器とされる重機と民生品の違いは銃を置く台（ライフルホルダー）の有無に過ぎないことは、あまり知られていない。実際のところ、たとえば東チモールでのＰＫＯでも、二〇〇四年に自衛隊ＰＫＯが撤収する際に数多くの民生用重機が現地政府に贈られている。そして自衛隊ＯＢの組織するＪＤＲＡＣ（ＮＧＯ）が、その後も技術指導や訓練等のサポートに関わったのであった。もともとハイチＰＫＯについても当初から重機を残してくる計画であり、操作技術指導もなされていた。だから、武器輸出三原則を緩和したがゆえに、このような「国際貢献」ができるようになったのではないのであり、仮にそのように国民に受け取られていたとしたら、情報発信が誘導的であったというべきである。
そして、自民党・安倍政権となり、二〇一三年三月一日には内閣官房長官談話によって、わが国で生産されたF35の部品の輸出を、三原則の例外として認めると表明された。F35は最新鋭のステルス戦闘機であり、米英など九カ国が共同開発をしている。同談話は、「米国政府の一元的な管理の下で、F35ユーザー国以外への移転を厳しく制限すること、及び移転は国連憲章の目的と原則に従うF35ユーザー国に対するもののみに限定されること等により厳格な管理が行われることを前提として、武器輸出三原則等によらないこととする」とした。
F35は、航空自衛隊の次期主力戦闘機として選定されたことを機に、日本企業も関連部品を国内で生産する。同機はイスラエルも導入予定であるのだが（一六年末までに最初の二機が導入予定）、イスラエルは、二〇一四年から、パレスチナのガザ地区で空爆と地上戦を繰り広げているのであって、そういう周辺国と軍事的緊張のただ中にある国への輸出が認められたことの意味は大きいはずであった。しかし、あまり世論の関心は高まらなかった。

「国連憲章を遵守するとの平和国家としての基本理念」

さてこの官房長官談話において注目したいのは、最後に付された「なお、政府としては、国連憲章を遵守するとの平和国家としての基本理念は維持していく考えである」という文章である。これまで見てきたように、三原則の緩和に際しては、「国際紛争を助長することを回避するため」という言葉は維持されてきていたのだが、これが消えた。周辺国と軍事的緊張のまさにただ中にあるイスラエルが調達する予定にかんがみれば、いくらなんでも「国際紛争を助長することを回避するため」という言葉を用いるのでは、もう理屈がつかないと判断されたのだろうか。

「国際紛争を助長することを回避する」から「国際連合憲章を遵守する」へと変化したことの持つ意味は何か。二〇一四年三月一二日の参議院予算委員会でこの点についての質問を受けて、安倍首相は、大要、次のように説明している。

(i) 従来は「国際紛争を助長することを回避する」との文言が用いられていた。

(ii) しかし、「テロとの戦いなど、国際社会の平和と安定のために取り組まねばならない紛争がある」ため、「紛争の平和的解決や国際の平和及び安全の維持を目的としている国連憲章に言及する形でこれを遵守することこそ平和国家としての基本理念であるとした方が適切である」。

果たして(ii)は、文言を変化させることの理由になるのだろうか。国連加盟国である以上、国連憲章の遵守は当たり前である。「国際紛争を助長することを回避する」とは、国連憲章の規範にさらに上積みした平和についての理念だったはずなのではなかったか。いずれにせよ、三原則の撤廃とは、「平和国家としての基本理念」についての理解という、根本的なレベルでの転換をも意味しているのだろう。

また「国連憲章を遵守するとの平和国家としての基本理念」について、南スーダンで展開しているUNMISSで、国連と韓国からの要請に応えて、国連を通じて自衛隊から韓国軍に弾薬一万発を譲与した際の内閣官房長官談話（二〇一三年一二月二三日）にも触れておく。武器弾薬を国連に譲渡することは、それまで否定されてきていた。同談話の最後に「なお、政府としては、国際連合憲章を遵守するとの平和国家としての基本理念は引き続き維持しつつ、国際協調主義に基づく積極的平和主義の考えの下、今後とも国際社会の平和と安定により一層貢献していく考えである」と示されている。ここでも「国際紛争を助長することを回避するため」という言葉は使われなかった。

二〇一三年一二月一七日に定められた国家安全保障戦略（NSS）では、「国際協調主義に基づく積極的平和主義の観点から、防衛装備品の活用等による平和貢献・国際協力に一層積極的に関与するとともに、防衛装備品等の共同開発・生産等に参画することが求められている。／

こうした状況を踏まえ、武器輸出三原則等がこれまで果たしてきた役割にも十分配慮した上で、移転を禁止する場合の明確化、移転を認め得る場合の限定及び厳格審査、目的外使用及び第三国移転に係る適正管理の確保等に留意しつつ、武器等の海外移転に関し、新たな安全保障環境に適合する明確な原則を定めることとする」とあった。

そしてこのNSSに基づき、二〇一四年四月一日に「防衛装備移転三原則」(以下、新三原則とする)が閣議決定され、実質的に武器輸出の全面解禁がなされることとなったのである。

新三原則でも「国際紛争を助長することを回避するため」という言葉が使われずに、「我が国としては、国際連合憲章を遵守するとの平和国家としての基本理念及びこれまでの平和国家としての歩みを引き続き堅持しつつ」とされた。

新三原則では、紛争当事国等には輸出しないことは維持されたが、平和貢献や国際協力の積極的な推進につながる場合、また国際共同開発など、日本の安全保障に資する場合に、一定の審査を経れば輸出が可能となった。また重要案件については国家安全保障会議が非公開会合で可否を最終判断する仕組みとなっている。

新三原則となって三カ月後には、F35搭載予定の空対空ミサイル技術をイギリスと共同研究する方針が認可されている。これは、三菱電機の持つ目標探索装置の技術を供与するものである。また、オーストラリアの次期潜水艦の共同開発が目下、官民あげての売り込みであることは、前に見たとおりである。

そして二〇一五年一〇月一日には、武器の研究開発、量産、調達、輸出、さらには軍事研究まで行う、二兆円(防衛省予算の四割)もの予算規模の巨大な官庁である防衛装備庁が新たに発足した。日本で武器の調達をめぐって、汚職や官製談合の長い歴史があるのであって、官製談合が元で、二〇〇七年に防衛施設庁が廃止されたことを思い出しておきたい。

防衛装備庁に新たに設けられた「プロジェクト管理部」はそれまでバラバラに行われていた開発や調達等について、「防衛装備品の構想から研究・開発、量産取得、運用・維持整備、廃棄といったライフサイクルの各段階を通じたプロジェクト管理を行い、防衛装備品の効率的な取得を行っていきます」と説明されている(防衛装備庁ＨＰ)。

また「安全保障技術研究推進制度」として、「平成二七年度から、大学、国立研究開発法人の研究機関、企業などにおける独創的な研究を発掘し、将来有望である芽出し研究を育成するため、防衛省独自のファンディング制度である安全保障技術研究推進制度(競争的資金)を新設しました」とされ(防衛装備庁ＨＰ)、いわば「産官軍」の一体的な養成促進が始められている(担当部署として「技術戦略部」)。

つまり、国家の外交力の一環としての武器輸出というカードが「国策」として育てられようとしているということなのであろう。「死の商人」になることには、依然として国民の間でもためらいや反発があるが、今後の防衛装備庁の展開は、日本がどういう国であり続けるかにとって、大きな意味を持っている。

禁輸政策がもたらしたこと

武器輸出三原則の存在がわが国にもたらしたメリットを、二つの例から確認しておきたい。

一つ目として企業の低い軍需依存度を挙げよう。日本ではこれまで輸出を前提とした軍需産業がなく、ほぼ自衛隊装備調達のみに市場が限られてきたことの結果として、防衛関連に携わる企業が軍需に依存する度合いは軒並み低くなっている。

ＳＩＰＲＩが二〇一五年一二月に公表した武器売上げ上位一〇〇社リスト（二〇一四年データ）(http://www.sipri.org/research/armaments/production/recent-trends-in-arms-industry/The%20SIPRI%20Top%20100%202014.pdf) によると、新三原則の下で武器輸出が解禁された後も、まだ日本の企業の軍需依存度は、極めて低く止まっていることがわかる。二一位の三菱重工の軍需依存度は一〇％、五〇位の川崎重工は一五％、七〇位のＩＨＩが九％、七五位の三菱電機が三％、七七位のＮＥＣが四％であった。日本の企業には、軍需装備品を一部で生産する民需企業に過ぎないという評価もなされる所以である。

軍需に依存しなくても企業経営ができるため、国の防衛政策に意向を反映させようという動機が、産軍複合体の大きな弊害が指摘されるアメリカの場合と比べて低く保たれたと指摘されてきた。安全保障や防衛といった国の重大な政策決定に際し、政策決定過程自体が軍需企業の圧力で大きく歪められるといった事態は避けられてきたのである、と。

この点でしかし、先に見たように安倍首相の外遊に多くの防衛産業関連企業が同行しており、訪問の際に日本政府と訪問国との間で防衛交流等の合意がなされるようになっている。今後は政治過程への影響がどのような形で生ずるか、政治的判断が歪められることがないか、気をつけて見ていかないといけない。なにしろ、ロッキード・マーチン社のＣＥＯがいうように、日中間の緊張から東アジアが「成長市場」として、好機とされているのである。

次に、日本の積極的な軍縮外交を支えてきたことをメリットの二つ目として挙げよう。武器輸出三原則や非核三原則など、憲法の平和主義を具体化する諸施策の存在があったことが軍縮外交を支えてきたとの指摘が、これまで数多くなされてきたことを、改めて記しておきたい。

たとえば次の言葉は、当時の軍縮担当官（小笠原一郎外務省軍備管理軍縮課長）のものである。

平和主義を具体化する諸施策は、「今私たちが軍縮外交を行う際に、非常に大きな資産となっています。日本が行っているモデルを世界に広めていくことは、軍縮外交の一つの側面ではないかと思っています」(「座談会　軍縮・不拡散への挑戦に国際社会はどう立ち向かうか」、「外交フォーラム」一八二号、二〇〇三年)。

また外務省軍備管理・科学審議官組織監修『日本の軍縮・不拡散外交』(二〇〇四年)は、小型武器規制に主導的な役割を果たせることについて、「日本は武器輸出を原則的に行っておらず、輸出を前提とした軍需産業もないことから、国際社会をリードできる立場にあるといえる」と指摘する。いずれも、この時点からは軍縮外交のストラテジーがだいぶ変化したことを、改めて痛感させる言葉である。

また武器移転問題について、三原則があったおかげで「比較的クリーンハンドで望めるという有利な状況にあった」ことを指摘するものがある(神余隆博「通常兵器移転国連登録制度に関する国連総会決議(上)日本のイニシアチブはどのように実を結んだか」、「月刊国連」一九九一年一二月号)。

そして、通常兵器移転登録制度設置について「日本外交が積極的に展開できた背景には、日本が堅持してきた「武器輸出三原則」があったことを忘れてはならない。これがあってこそはじめて、日本のイニシャティブが説得力を確保できたからである」とするものもある(佐藤栄

一「武器輸出の現状と通常兵器移転登録制度」、「国際問題」三八七号、一九九二年)。
国際的な輸出管理レジームでの日本の働きについて、「武器輸出三原則を国是とし、「死の商人」のレッテルを貼られずに済んできた日本の発言力はどの参加国にも増して大きく、こうしたフォーラムの場で「顔」のみえる軍備管理・輸出管理外交を展開できる数少ない大国であり、また日本の不拡散戦略の独自性と創造性をアピールできる分野である」との指摘もまたされていた(山本武彦「通常兵器関連の輸出管理レジーム」、浅田正彦編『兵器の拡散防止と輸出管理――制度と実践』所収)。

「武器輸出三原則」を再確認するために

三原則によって日本は、国際的な規制をより厳しくして、武器禁輸という政策を執行してきていたのであった。三原則の撤廃とは、これまでの上乗せ規制部分を無くして、武器供給国サイドに武器移転の基準を「レベルダウン」させるものである。

国際的な武器輸出管理規制に関するレジームは四つ存在しているが、それら全てに参加している国々を、政府は「ホワイト国」(二七カ国)と認定している。これらの国が一定の厳格な輸出管理規制をなしているのは事実ではあろう。しかし「だから問題はない」とはならない。国際レジームは法的拘束力のない紳士協定であり、意思決定は加盟国すべての合意を必要とするコンセンサス・ベースが採られている。また実施については加盟各国の輸出管理法制度に委ねられている。そして、ホワイト国が同時に武器輸出国でもあることに注意が払われるべきである。F35の部品のイスラエル（非ホワイト国）への例外容認は、国際レジーム基準にレベルダウンさせることの問題点の一つを露わにしている。

人の命を奪うことで収益を上げるビジネスへ疑問を持ち続けることは、これまで武器禁輸政策を支えてきた国民的な意識だったのではないか。九条のもとにある平和国家である以上、日本製の武器が紛争を助長することや、人を殺めるのに加担すべきではないというリアルな感覚が三原則の出発点にあったことを確認したい。

第五章　国会の責務

国会の軽視

集団的自衛権の行使容認をした二〇一四年七月一日の閣議決定や一五年の安保関連法制定もそうであったし、前章で見た武器輸出三原則の撤廃もそうであったように、国会での審議を軽視ないし無視した形で、内閣が政策や方針等を決めてしまうというのが、今般の政治のひとつの特徴である。

後に二〇一五年安保国会を見るが、まず簡単に特定秘密保護法の成立過程をふり返っておきたい。法律案作成段階では検討内容が一切示されないまま、二〇一三年九月三日に法案概要が初めて明らかにされた。同日からの一五日間という短い意見公募を経て、一〇月二五日に具体的な法案が提示され、一一月二六日の衆議院本会議にて修正の上、可決、一二月六日の参議院本会議において可決、成立と相成ったものである。強行に国会運営がなされた結果、衆参合わせても約六八時間という、ごく短期間の国会審査であった。

国会における担当大臣答弁や内閣総理大臣答弁を基にして、元々の法律案では予定していなかった第三者的機関の設置がバタバタと決まった。つまり法律案としても十分に練り上げられないままに成立となり秘密保全法制がスタートしたと言うことができ、尋常とは言い難い立法過程であった。国会審議の際の議論が不十分だったことは、同年一二月九日の記者会見で安倍首相が述べた言葉、「私自身がもっともっと丁寧に時間をとって説明すべきだったと反省している」からも明らかである。

通常は、法律案が練り上げられてゆく過程で、議員にも情報が提供され、大綱や骨子などの形で国民の知るところとなるが、特定秘密保護法の場合は、そのようなものが一切出されなかった。成立後に市民団体や報道機関の情報公開請求により、だんだんと明らかになってきた省庁間のやりとりなど、法令協議の記録を読むと、官僚組織内部で事前に検討されていた論点は、非常に多岐にわたっていたのと比べて、国会審議で論じられた論点があまりにも少ないことに驚かされる。

国会議員にさえも事前に法律案についての情報が秘密にされていたことは、国会での議論に限界を設けてしまったのだといえる。法律が成立する前の日になって、社民党・福島みずほ議員の事務所に、二〇一一年に作られた「逐条解説」(条文ごとに解説した文書)が届けられたが、もっと早くにそういう情報が国会議員に届けられていれば、審議も実質的なものとなっただろう。

　一方で特定の情報が遮断され、他方でそれが「国家安全保障会議（日本版ＮＳＣ）」等に集中化される場合に、官僚組織の実質的な権限強化と国会による統制不能が懸念される。もし、集団的自衛権の行使や、他国軍への後方支援、武器の輸出といった特定秘密を含むような問題がＮＳＣで決められてしまって、十分な国会の議論が喚起されない状態が常態化すると、国民に見える政治はどんどん遠くなって行くばかりである。

　そして直近に起ったきわめつけは、二〇一五年の通常国会であり、「どういう国にしてゆくのか」という大きな展望について議論が深められないまま、あたかも忠実に法律を作るのが仕事とばかりの強引な国会運営がなされて、安保関連法が「成立」した。成立にカッコをつけたのは、本当に成立したのか疑問が投げかけられて当然のものだったことによる。

　広く反対の声が上がり、世論が納得していない中で、言論の府であるはずの国会で、議論は上滑りをしていたのではないか。もちろん野党議員からの質問などに、鋭い指摘はいくつもあったが、質疑と嚙み合った答弁があまりなされなかった。つまり、言論の府でありながら、言葉の力で説得が図られることはなかった。

多くの人が指摘したように、これは「民主主義の危機」である。国会に議員を送る有権者として、政治部門が負っている責務の大きさを認識し、まっとうな政治がされることを求め続けることは、いよいよ重要になっている。

本章では、安保関連法案の強行採決を振り返り、国会の責務や役割について考えてみたい。

二〇一五年夏の強行採決

議院の正式な意思決定は本会議でなされるが、実質的には委員会での審議により決定されている(委員会中心主義)。安保関連法案については、衆参ともに特別委員会が設置され、審議が行われた。ここでは内容の違憲性については措き、立法手続きのおかしさに着目しよう。

最も異常性が強かった出来事は、二〇一五年九月一七日の参議院特別委員会での、目を覆いたくなるような強行採決である。インターネットの動画でも確認できるが、あらましはこうである。

鴻池祥肇委員長に対する不信任の動議が出され、鴻池委員長が佐藤正久理事に委員長の職務を委託した。不信任動議が否決された後、佐藤理事は「鴻池委員長の復席を願います」、「速記を止めてください」と述べ、速記が止められ、委員長が着席した。

動画によると、この直後に与党議員が委員長席を取り囲み、議場が騒然とし議事が混乱した。そのようななかで、佐藤理事が、「立つ」「座る」等の指示をしており、委員がそれに従って、立ったり座ったりする様子が、動画から窺われる。およそ採決がされたとはいえない状況であり、地方公聴会の報告もされず、総括質疑も行われなかったが、「可決」したものとされた。

委員会での議事が再開したことは聞き取れないし、速記も止まったままであった。

右の混乱した場面について、「発言する者多く、議場騒然、聴取不能」としか、当初は速記に記録されていなかったが、のちに会議録に追記されて公開された。会議録追記部分にはこうある。

本日の本委員会における委員長（鴻池祥肇君）復席の後の議事経過は、次のとおりである。／速記を開始し、……右両案の質疑を終局した後、いずれも可決すべきものと決定した。／なお、両案について附帯決議を行った。

この部分は、委員長権限により会議録に掲載したものと理解される（参議院規則一五七条、五九条）。過去にも同様に追加記載した先例があるといわれるが、二〇一五年の強行採決に際しては、委員会での議事が再開していない上に、いくつもの参議院規則への違反が指摘される中でのものであり、過去に例があるとして、正当化されるものではなかろう。いずれにせよ異常な採決であったことに変わりはない。

ただ、異常な採決であったとはいえ、参議院本会議で追認されたと解釈される可能性がある。その本会議も強引だったが、次のような経過をたどった。衆議院での安倍内閣不信任決議案の否決などをはさんで、参議院本会議では、鴻池委員長から特別委員会の報告がなされた。そこでは「両法律案の質疑を終局し、討論を省略し、直ちに採決に入ることの動議が提出され、本動議は多数をもって可決されました。次いで、順次採決の結果、両法律案はいずれも多数をもって原案どおり可決すべきものと決定いたしました。なお、両法律案に対しまして国会の関与の強化等を内容とする附帯決議を行いました」とされている。そののち、発言時間を一人一五分とする動議が可決し、採決に付され、国際平和支援法と平和安全法制整備法の二つの法案は可決した。

以上よりすると、異常な国会運営であり委員会採決には問題があったとはいえ、結局は本会議によりオーソライズされ、問題が解消されたといえないこともないようにも見える。

なぜ野党議員は本会議に出席したのだろうか。これについて、福山哲郎議員は、「我々は、一昨日のあの理不尽な採決に抗議をして、ここから例えば退席をしたら、一番楽をするのはあなたたちじゃないですか。そして、この言論封殺の実態も国民に知らせないまま我々はこの国会から立ち去ることを、我々自身の気持ちとして許さないから、あの採決は我々は無効だと思っているけれども、とにかく国民の皆さんの気持ちを代弁し、反対の気持ちを、反対の意思を表明するために、ここに全員立たせていただいています」と説明している(二〇一五年九月一九日、参議院本会議)。

強行採決という言葉は、法律に定義されているわけではない。また、憲法で強行採決は禁止されているわけでもない。基本的には、議院がそれぞれ、国民代表としてどのような、「良い運用」を積み重ねるかに、委ねられている。そのことの意味が問われているのだといえる。二〇一五年九月一七日のような例を議事運営の「先例」に加えてしまった議院の責任は重い。

政治と議院の自律

議院でどのような運営がなされるかについて、これまで「議院自律権」が重視されてきた。議院の自律とは、衆議院だったら参議院、参議院だったら衆議院という他の院や、行政権、司法権といった他の権力から口出しされることなく、院内事項である議事手続きについて自ら決定することができることを意味している。なお議院自律権について、正面から述べた憲法の規定はないが、前提にした規定がある(五五条、五八条一項、二項)。

最高裁は、警察法改正案をめぐっての衆議院での会期延長の議事手続きが、衆議院規則に適合せず無効であると争われた住民訴訟で、「同法は両院において議決を経たものとされ適法な手続によつて公布されている以上、裁判所は両院の自主性を尊重すべく同法制定の議事手続に関する所論のような事実を審理してその有効無効を判断すべきでない。従つて所論のような理由によつて同法を無効とすることはできない」(一九六二年三月七日、警察法改正無効事件)と述べた。「両院の自主性」という、議院の自律に重きが置かれている。例外について触れられていないことから、「裁判所は例外なく審査権限を抑制した」とも理解しうる。

もっとも、議院の自律が重要視されてきたと述べたものの、もともと日本で、あまり真剣には考えられていないのかもしれない。それは各院の「議院規則」で本来定めるべきことまで広く「国会法」で規律されていることにも窺われる。というのも、法律案が法律となるには、両議院で可決することが必要だが、法律制定には衆議院の優越(特別多数による再可決)が憲法で定められており(五九条二項)、衆議院の意思を参議院に押し付けることも可能であるからである。

さて、日本では議事手続法の無視や横暴が、かねてより批判されてきたのであって、常に「病理」を抱えてきたといえる。とはいえ先に見たような、どう考えても正常とは思えない二〇一五年九月の参議院での強行採決は、議院の自律の危機ではないのか。それは議院にとって重大な問題であるはずだが、国会議員、特に与党議員には危機感が薄いようである。

二〇一五年夏は、国会が瀕死状態にあるのに、自分では病気に気づいていないらしいことを、国民に見せつけたといえる。もし国会が内閣の単なる下請け機関になりさがるならば、国権の最高機関として立法権を行使すること(憲法四一条)の意味は失われてしまう。そのような機関に「自律」という言葉は不要だろう。

議院が自ら自らを縛るよう積み上げた規範が破られ、新たな規範が作り出されることは、議院の自律を認める以上は否定されないが、同時に、なぜ議院の自律や強い委員長権限が認められるのかについて、不断に問い直されることが必要である。自律を享有することに伴う責任は負わないで、自らを縛る手続きを無視できることだけ主張するのは、却って議院の権威を低めることにつながり、つまりは議院の力を失わせるだろう。省察の上にはじめて議院の自律は確保されるのである。

政治過程と法

そもそも、政治過程を法でどれくらい規律するのかは、各国の法文化に規定される部分が大きい。法という「合理化の技術」を使わないで政治を動かしていく伝統が、たとえばイギリスのような国には非常に強いといわれる。近代議会制の母国であるイギリスは、一二六五年以来の長い伝統をもち、各国に影響を与えてきた。

一九世紀から二〇世紀にかけてのイギリス憲法学の泰斗であるA・V・ダイシーは、裁判所によって実行されない規範として、「憲法習律」を位置づけた。違反が裁判所によって審理判断されないという意味で、習律は「法」ではないという。これは英米流の伝統的な「法」の理解による。しかし憲法習律は、裁判所によって違法とされないとしても、その違反に対して責任が問われるものとして受け入れられている規範である。この憲法習律は、不文憲法の国であるというイギリスの性格を色濃く反映している。

他方で、第一次大戦後のプロイセン、バイエルン、オーストリアといったヨーロッパ諸国の憲法では、「権力の合理化」、「議院内閣制の合理化」という傾向が見られた（大石眞『議院自律権の構造』）。日本国憲法はその流れの中にあり、憲法で詳しく議院内閣制の内容として内閣と国会の関係を規定している。

一九四八年に出版された『新憲法と国会』で、宮沢俊義が国会を「太陽系における太陽」と形容したように、日本国憲法では国会が内閣に対して強くなり、政治過程が法により合理的に規律されて、より内閣の責任を追及しやすくするという姿勢がとられている。そして日本国憲法では、国会での法律案審議に内閣が介入することは予定されておらず、また国会法もそのような仕組みとなっていない。ちなみにマッカーサー草案では、人権に関するものを除いて、国会は三分の二の多数で裁判所の違憲判決を覆す権限まで持っていたのであり、このことは、当初、相当に強い立法権優位の構想が取られていたことを示していよう。

他方で日本国憲法が採用した議院内閣制というのは、そもそも議会と内閣が協調関係に立ちながら政治を行う仕組みであり、実際に日本でも議会運営は政権主導で進められてきた。「内閣が自ら提出した法案を自由に修正できないというのは、議院内閣制としてはほかに例のない厳しさといってよい」(大山礼子『日本の国会』)。そこで、政治がうまく回るための真のルールや政治的妥協、実質的な駆け引きと審議が、国民から見えるところではなされない傾向を生む。委員会も本会議も形骸化し、本来は実質的審議のための道具である公聴会も、採決のためのセレモニーと化す。

つまり日本国憲法の定める統治の仕組みは、制度としては運用が困難なのだろう。政治過程が法によって合理化され、国会が議事運営上、内閣に対決的ともいえる強い権限を持ち、さらに議事手続きは裁判所の判断から免れる(前掲、警察法改正無効事件)といった憲法や国会法、そして判例等の想定は、むしろ国会運営を、法から自由で、憲法習律も未熟な、不透明なものとしてしまったのではないか。

今後、バランスよく議会制民主主義を成長させるためには、憲法や国会法、そして議院規則といった明文の法規範とともに、その違反に対して責任が問われるような憲法習律をもっと強くし、機能する法によって議事運営を規律することが求められるだろう。

日本国憲法の下においても、国会のあり方や国会と内閣の関係というのは、先例などの規範的な習律の形成に委ねられた部分が大きいのであるといえる。

国会の威信の回復と「他律」

さて、立て直すために、どうしたらよいか。

まずは、議院にしっかりしてもらわなくてはいけない。「しっかりしろ!」と市民が声をあげ、議院が高度の自律を享有する責任を問う必要があるだろう。市民が声をあげれば国会議員は動くということを、二〇一五年の夏に多くの市民が実感した。国会の外からの声が小さいうちは、議員は国会前に出て行かなかったが、議員をひっぱりだし、熱い議論をさせたのは、市民の力であった。議会制民主主義の立て直しは、最終的には私たち市民の責務であろう。

さらに別の方向から見る必要もある。まっとうな政治が行われるためには、議院が自主的・

自発的に「病理」から回復することを待つだけでなく、同時に、裁判所という他権力によって、法的評価がなされる「他律」についても、考え始めなくてはなるまい。元来、議事手続きは、権限の踰越《ゆえつ》、濫用を問うという思考になじみにくいが、例外的に、どういう場合に「法に反すると評価されるか」について、真剣に検討されるべき段階にあるのではないか。

二〇一五年夏に起こった参議院特別委員会での強行採決と議事録追記問題は、そのような例外的場合を考えることを私たちに突きつけたものであろう。議会少数派議員の、発言権や表決権などの審議・意思決定への参画がきちんと保障されることを、裁判所が確保しなくてはならない場合があるはずである。そうでなければ、国民が議員を選挙で選び、正しい政治がなされるよう託していることが意味を失ってしまう。

先に見た警察法改正無効事件の最高裁判決を前提にすれば、議事手続きに司法審査を及ぼすには理論的なハードルは高いということになるだろう。これまで学説も、裁判所が議院の議事手続きについて審査することには、消極的であったといえる。権力分立の点から考えるに、もし議事手続きに関わる事実関係がすべて裁判所の審査の対象となったら、権力相互のバランスを崩してしまうと懸念されるためである。

しかし、最高裁が「例外なく口を出さない」とも受け取れる姿勢を示したことは、あるいは議院に甘えを生んできた側面はないだろうか。また学説の多くは、議事手続きについても、完全に司法審査から自由という理解は取ってきていない。国民の権利義務に直接関係してくる議事手続きについて、明白な憲法違反が認められる場合について、違憲審査を認めるべきという有力な説もある(佐藤幸治『日本国憲法論』)。議員の権限をテコに、議事のあり方についても司法権による統制を可能とする立論など、新たな理論を開拓する必要がある。

そこで次章では、政治と憲法に関わる問題についての、裁判所の役割を考えてみたい。

第六章　憲法解釈と裁判所

やってはいけないことだった

本書で見てきたように、ここ数年に特に顕著であったのは、「政治が目的達成のために、法の論理を力ずくで乗り越える」ということだった。そのための手段として法律制定や法律改正が用いられたのであり、法は政治も従う「矩《のり》」というより「道具」としての性格を強めた。そして内閣が政治の中心として駆動する一方で、国会が単なる下請け機関であるかのような様相をさらに強めている。

政策の変更は、変更できる範囲のなかで、また変更の手続きをきちんと踏んで行われなければならない。制度がそれによって合憲性を説明してきた論理を無視してはならないし（集団的自衛権の行使容認）、変えるためにはしかるべき手続きを踏まなければならない（まっとうな国会審議、正常な採決、正確な議事録を残す等）。しかし、このたびの安保関連法整備は、これらのルールを逸脱した。政治がやっていいことを超えてしまった。

なぜ、そのような非常識な行動が可能だったのだろうか。これは、政治を法で統制する具体的な方法や仕組みそのものの限界にもかかわる問題である。統治機構をどう動かしてゆくか、公務員や法曹集団など法にたずさわる者が、憲法を頂点におく憲法秩序をどう維持していくかという大きな話でもあるはずだ。

本章では、このような問題関心から、網羅的な検討はできないものの、政治と法の関係を裁判所の役割という視点から問い直してみたい。

内閣法制局と「解釈の一義的確定性」

まず内閣法制局という内閣の補佐機関に注目しよう。すでに第一章で、日本の法秩序を安定化させる役割を内閣法制局が果たしてきたことを述べている。このことをもう少し詳しく考えたい。

立法府・司法府という他の憲法解釈主体との関係で見た時、内閣法制局が担ってきた役割は、相対的に、やや大きすぎであったのではないだろうか。それは「法解釈の正しさ」という想定が、広く持たれてきたこと、法解釈の確定について実質的に内閣法制局が多くを担ってきたことが影響を与えていると、筆者は考えている。

安全保障法制についてみても、二〇一四年の前と後で、法の意味の実質的な確定権の所在をめぐる力学が急速に変化している。内閣法制局の持つ権威の低下である。それは、他の分野の法にも、多かれ少なかれ、影響を与えてゆくだろう。法秩序の安定や法解釈の正しさについて、内閣法制局への過剰な依存は見直さなくてはならないのではないか。

なぜ内閣法制局は、これまで大きな役割を担うことができたのだろうか。歴史を振り返ると、日本の場合は、明治維新後に中央集権的な国家をつくり近代化を成し遂げる役割を、天皇の官吏としての威信を背景に、エリート官僚組織が担ってきた。

内閣法制局の淵源は古く明治初年にまで求めることができる。より直接的には一八七五年の法制局の設置や、フランスのコンセイユ・デタ(国務院)に範を得た一八八一年の参事院設置に求められる。一八八五年に内閣の下に再置され、制度としては一八九三年の法制局官制により大方の職務は決定され、敗戦までほとんど変わらなかった。

戦前の法制局の権限は極めて大きく、官僚機構の中枢にあった。なかでも帝国議会の立法権が制限されていたなかで法制局が勅令起案権を握っていたため、官制(官僚組織や定員を定める法)が勅令により定められていたことを背景に、各省庁への強い統制権を有していた。

敗戦後、GHQの意向でいったん廃止されたが、独立後に内閣に置かれる機関として復活した(一九五二年)。内閣法制局の主な仕事は、①行政府内部における憲法・法令解釈の見解を作成する、いわゆる意見事務と、②法律案、政令案及び条約案を審査する、いわゆる審査事務である。

①の意見事務は、官僚組織内部での法律解釈の統一機能であり、「何が法律上なしうることか」を決定する。内閣法制局の解釈は権威があり、それに従った統一的行政が帰結されている。またこの解釈は不変的な論理的思考の結果という理解から、時の経過による変化に抗しても維持される傾向がある。

②の審査事務は、法令が成立する前の段階で、合憲・合法性審査を網羅的になすものである。たとえば法律案について見ると、国会に提出される多くが内閣提出法案だが、これは閣議決定される前に内閣法制局の審査を必ず受けることになっている。各省庁による法案作成過程には、予備審査として内閣法制局による審査が組み込まれており、既存法体系との整合性のチェックなどの綿密な審査が、日本の法体系の秩序形成及び維持に多大な貢献をしてきた。

なお法制局による国会答弁や質問主意書に対する答弁書の検討をどう理解するかについては、①に含める見方と、①②と密接に関係する付随的事務とする見方とがある。内閣法制局解釈の権威を現実に国会も認めているとはいえ、立法府が独自の憲法・法令解釈権を有している点を重視すべきだろう。そこで、内閣法制局の意見事務の通用範囲が行政府内であること（内閣法制局設置法三条三号）をより強調して、付随的事務と理解しておきたい。

このように内閣法制局は、法的な秩序の形成維持に関わる行政組織内部での中心的存在として、強い影響力を発揮してきた。それにしても、なぜ内閣法制局は行政組織内部を超えて、広く国制や社会に影響を及ぼすことができたのか。

「法解釈の一義的確定性」が、日本の法体系全体で前提にされてきたことが、内閣法制局が大きな役割を果たしてきた理由の一つであったのではないか。内閣法制局の解釈が、法解釈における唯一の論理的帰結であるならば、立法府や司法府という他の統治主体もそれを受け入れる「べき」となるからである。

法の支配や立憲主義において、法内容が確定していることは、重要な要素である。確定したルールがあることで安定した社会生活を営みうるのであり、これが法の権威や法に従うべき理由を形成している。そこで内閣法制局は国法体系の強力な安定化装置として、国制や社会の安定性に寄与してきたといえる。

しかし「法解釈の一義的確定性」が暗黙の前提とされてきたことは、同時に、他の解釈機関である立法府や司法府の法解釈の重みを軽くさせてきたのではないかとも思われるのである。

内閣法制局は、自らの法解釈が論理的性格のものであることを強調してきた。また、「論理的に得られる正しい結論は一つである」ということも、内閣法制局は一貫して述べてきた。たとえば一九七八年四月三日の参議院予算委員会で、当時の真田秀夫内閣法制局長官は、次のように述べている。

憲法をはじめ法令の解釈は、当該法令の規定の文言、趣旨等に即しつつ、それが法規範として持つ意味内容を論理的に追求し、確定することであるから、それぞれの解釈者にとって論理的に得られる正しい結論は当然一つしかなく、幾つかの結論の中からある政策に合致するものを選択して採用すればよいという性質のものでないことは明らかである。

また、内閣法制局が任務とする法律案の事前審査について、その性格は「形式的」とされるが、他方で法案の中身である「実体」の問題に関連するのは必然であるともされてきた。審査が「形式的かつ実体的」とは、一見すると矛盾するようでもあるが、「解釈の一義的確定性」が前提とされるなら、そうはならない。

国会は、正しい唯一の解釈が内閣法制局により示されているという想定を共有してきたために、憲法解釈主体としては、あまりにも弱かったのではないか。そもそも内閣が提出した法律案が憲法に適合しているか、なぜその法律案が必要か（立法事実の存否）などについて、国会で突っ込んだ議論がなされることが少なかった。内閣法制局長官の太鼓判を押された内閣提出法案については特に、内閣法制局の解釈に頼り、独立した解釈主体としての意識に欠けるところも、国会にはあったものと考える。

また、最高裁判所も憲法解釈主体として限られた役割しか果たしてこなかったことの原因の一つとしては、内閣法制局の事前審査と司法による事後審査とが性質を同じくするとの前提があったとも指摘できるだろう。日本の最高裁があまり違憲判決を出さなかったのは、内閣法制局が事前に憲法適合性も含め、詳細なチェックをしているからだということは、しばしば指摘されてきた。

しかし、ひるがえって考えるに「不変的な論理的思考の帰結たる憲法解釈の一義的確定可能性」というのは、妥当とはいえない。学説においても、憲法解釈が価値判断を含むことは一般に認められている。人権分野についても、また統治の分野においても、「正しい解釈」なるものはなく、ただ、暫定的に「正しい」とみなされているにすぎない。確定的に「正しい解釈」であると主張できる理由は、存在しない。

憲法解釈が一義的に確定されるものではないとしたら、他の機関の果たすべき役割は、これまでよりももっと大きくなる。よりダイナミックに、解釈の正しさをめぐる諸機関の競いあいを構想すべきであると考える。

二〇一五年の事態とその検証

二〇一三年の長官人事以来、内閣法制局が政治に組み敷かれていったさまを私たちは目撃してしまった。安保関連法の成立後である二〇一五年九月二八日に、内閣法制局は解釈変更について経緯を示す文書を残していないことが報じられ(「毎日新聞」)、さらに想定問答集を作成しながらも、国会からの開示要請に対して開示しなかったことも報じられた(「朝日新聞」二〇一六年二月一七日)。横畠裕介内閣法制局長官は、参議院決算委員会で、文書の存在について認め、自身が目を通して不要と判断した資料が廃棄されず残った可能性があることを示したという(「東京新聞」二〇一六年二月一九日)。

これだけ違憲性について広く疑義が示されたのであるから、後世の歴史的検証が不可欠であるはずである。また公文書管理法は、行政機関が組織的に用いる資料を「行政文書」として保存するよう義務づけているのであって、「法の番人」としては、まことに残念な言い訳であった。

本当に、内閣法制局内で議論を詰めていたのか。横畠長官が、二〇一五年六月一一日参議院外交防衛委員会で「法制局内での議論」について語っていたが、『安倍政権の裏の顔』(前掲、七五頁)からは、法制局内の徹底した議論がなかったことがうかがわれる。

二〇一五年九月一五日の中央公聴会での意見陳述で、元最高裁判所裁判官の濱田邦夫氏は「今はなき内閣法制局」という言い回しを使った。回復が困難なほどに内閣法制局の権威が失墜してしまったことは明らかであろう。通常の立法の審査事務についてはこれまでと変わることはないという意見もあるようだが、内閣法制局の権威が下がれば、これまで通りというわけにはいかない可能性もある。「内閣法制局がいうのでしたら」と引き下がることをやめる役所も出てこないとは限らない。また、日本が実際に「戦争」を遂行できる国(世界大での後方支援を含む)にするためには、狭い意味での安保関連法のみならず、相当に広い範囲にわたって法律改正を重ねる必要がある。内閣法制局での事前審査が緩んでしまったことは、今後、予定されるこれら法改正の「正しさ」に影響を与えよう。

今後は、政府、国会、裁判所、官僚組織、政党という統治の仕組み全体の問題として、実質的な権力のありかをにらみつつ、より動態的な観点から、憲法解釈の正しさや、権力間の統制が模索される必要があるだろう。統治に関わるもろもろの機関が、憲法を頂点とした法秩序を、ダイナミックに維持している。内閣を法律面で補佐する機関である内閣法制局にもう頼りすぎることができない以上、どうやって法秩序を維持してゆくか、知恵を絞らなくてはいけない。以下では、この観点から、裁判所の職責について考える。

違憲審査と憲法判断

憲法の維持は、憲法保障機能とも呼ばれる。裁判所の判断の機能は「それが憲法保障の機能をもつべきであることにも十分に配慮しなければならない」(芦部信喜・高橋和之補訂『憲法〔第六版〕』)と指摘されているように、司法府は個別具体的な事案の解決とともに、個別の事案の解決においても客観的な憲法秩序の維持にあずかっているのである。

新聞でも、憲法訴訟が報じられることは多い。選挙のたびに起こされる一票の格差をめぐる「一人一票訴訟」は、もうおなじみである。内閣総理大臣の靖国参拝など、国や地方公共団体の政教分離原則違反を問う訴訟も多く、愛媛玉串料訴訟では、愛媛県が玉串料等を靖国神社や護国神社に奉納したことについて、県と靖国神社等との関わり合いが「社会的・文化的諸条件に照らし相当とされる限度を超えるもの」として、憲法二〇条三項に違反するとされたのは(一九九七年四月二日)、広く世論の関心を集めた。最近の憲法訴訟の例を挙げると、民法の夫婦同氏規定(民法七五〇条)が合憲とされ、一〇〇日を超える再婚禁止期間を定める民法の規定(民法七三三条)については違憲という判断が下されている(二〇一五年一二月一六日)。

一般的にいえば、市民の間では、最高裁の姿勢に厳しい意見が少なくない。人権保障に後ろ向きだとか、現状肯定、公益が優先されているといった批判も多い。とはいえ、憲法秩序の維持機能を裁判所が任務とすること、つまり最高裁は「憲法の番人」であるという位置づけに批判的な人は、あまりいないように思われる。この背景には、三権の関係についての、次のような理解があるのではないか。

「法律は憲法に反することはできない。裁判所は「憲法の番人」として、憲法に反する法律を無効にする」。政治が憲法に従ってなされること、つまり客観的な憲法秩序が維持されることの保障は、裁判所の役割であるという理解は、国民の間で共有されているものだろう。それは、憲法を自分たちのものとして守ってゆこうという意識として捉えることもできる。政治が「矩」を超えるものであってはいけないのであって、それは私たちの正当な関心事である、と。

さて、当たり前のことを言うようだが、憲法訴訟について国民の注目を集めるのは、「裁判所がどういう憲法判断をするか」である。

先に例に出した再婚禁止期間違憲判決について言えば、たとえば翌一七日の「朝日新聞」の見出しは「夫婦同姓規定　合憲／最高裁「社会に定着」／女性再婚禁止　一〇〇日超は違憲」であった。そして、本文（リード）は次の書き出しである。
「「夫婦は同姓」「女性は離婚して六カ月間は再婚禁止」とする民法の規定は、憲法に違反しないか。明治時代から一〇〇年以上続く二つの規定について最高裁大法廷（裁判長・寺田逸郎長官）が一六日の判決で、初の憲法判断を示した」。そして、「いずれも国への賠償請求は退けたが、夫婦同姓については「合憲」と判断。再婚禁止規定については一〇〇日を超える期間の部分を「違憲」とした。最高裁による違憲判断は戦後一〇例目」と続いている。

実は、右に傍線を引いた部分が、原告が裁判所に求めたことへの、裁判所からの「回答」であった。日本には端的に法令の合憲性を争いうる訴訟形式はないのであって、これらの訴訟は、直接的には、原告が「国への損害賠償請求権を持つかどうか」についての判断を裁判所に求めるものであった。つまり、憲法訴訟には、「憲法判断」と「個別の請求への判断」という、二つの異なる判断があることを確認できる。

憲法訴訟とはなにか

このことをもう少し詳しく見ておこう。司法権が発動するには、「具体的事件」が必要である。裁判所に提起される民事・刑事・行政事件で憲法上の争点の主張がなされる場合に、憲法訴訟と呼ばれている。付随審査制の下で憲法訴訟とは、具体的な事件の解決に付随して、適用される法令の違憲性や適用の違憲性を裁判官が審査するものである。

つまり、現行制度の下で憲法訴訟とは、憲法上の権利の救済を目的とした訴訟でも、憲法適合性そのものを直接に求めるものでもない。憲法に違反する法律が作られたとしても、その時点では、一般的・抽象的な性格を持つにとどまっていて、まだ誰も具体的な損害を被っておらず、法律が適用された段階で具体的な事件となる、と普通は考えられている。なお、裁判所は、職権により憲法判断をできることも注意を要する。通常の場合、訴訟当事者がする違憲性の主張は、裁判官がなす法律問題の判断の際の参考として扱われるものであり、これに裁判所が応答しなくてはならない義務はない。

民事事件とは、「ある人」と「別の人」の間の紛争などについて解決する手続きに関する事件である。たとえば、Xという人が、「Yが品物を受け取ったのに、代金を支払ってくれない」と主張しているが、Yは「Xはただでくれる約束だった」と争っている場合に、裁判所が「代金の支払いを求める権利がXに本当にあるか」を判断する。

刑事事件では、被告人がどういう事実に基づいて罪に問われるのかを検察官が示し、検察官と被告人という当事者が証拠に基づく主張立証を行って、裁判所が検察官の主張に理由があるかないかを判断する。

行政事件は、市民の間の紛争とは性質を異にする問題を扱っていて、国や地方公共団体による公権力の行使に関わる、行政に関連して生じた争いの解決のための手続きに関するものである。

民事・刑事事件のように、市民社会で生起する事件の解決を、司法権は伝統的な任務としてきた。なお、戦前の日本の司法裁判所もそうであり、戦前は行政事件については管轄外だった。

では、違憲審査とはどういう作用なのか。裁判所の任務はどういうものか。

違憲審査制は、司法権の行使に付随するかどうかで付随審査制(アメリカなど)と独立審査制(ドイツなど)とに分けられる。前者の主たる目的は紛争解決、後者のそれは客観的憲法秩序の保障とされている。「最高裁判所は、一切の法律、命令、規則又は処分が憲法に適合するかしないかを決定する権限を有する終審裁判所である」とする憲法八一条について、アメリカと同様、付随審査制に立つものと理解するのが、通説・判例の立場である。

「付随審査制をとるから抽象的な審査ができない」わけではないことに注意が必要である。違憲審査そのものは個別の事案を超える性格を持っている。このことに留意しながら、違憲審査がいかなる契機でなされるか(行)、本体の訴訟の主たる目的は何か(列)でマトリックスを書くと、次頁の図では網かけをした欄が、憲法八一条の下で可能な形態といえる。

通常、司法裁判所における訴訟の直接の目的は、主観的権利の保障であるが、付随審査制とは司法権の行使に付随して違憲審査がなされるものであり、違憲審査の有する、個別の事案を超えた性質を考えれば、客観的憲法秩序の維持を図る訴訟のあり方を開拓し、展開してゆく可能性はあると考えたい。

次に、右に述べた、「具体的な事件についての判断」と、「憲法問題についての判断」は別の次元にあることを、在外邦人選挙権訴訟最高裁判決に確認したい（二〇〇五年九月一四日）。話がやや複雑なため、単純化して説明する。

かつて海外に在留する日本人は、公職選挙法の定めのために、選挙権を持っていても行使することができなかった。これについて原告らは裁判的救済を求めて、違憲違法の確認と国家賠償を請求した。興味深いことに最高裁は、最初に公選法（改正前と改正後の両方）を違憲と判断した後に、確認請求について、Ｘらが選挙区選出議員の選挙において選挙権を行使する権利を有することの確認の訴えを適法と認めて、次回の選挙で投票することができる地位にあることを確認し、また国賠請求を認容した。

つまり、違法確認請求と国家賠償請求という「具体的な事件」についての判断の前に、独立

付随審査制		独立審査制	
性質	司法裁判所型・非集中型・紛争解決型・アメリカ型	性質	憲法裁判所型・集中型・規範統制型・オーストリア／ドイツ型
説明	司法裁判所が，通常の訴訟手続きにおいて，具体的事件を解決する前提として，適用法令の憲法適合性を審査する制度	説明	特別の裁判所等が，法令の憲法適合性そのものを，一般的・抽象的に審査する制度
目的	主観的権利の保障	目的	客観的憲法秩序の維持

違憲審査の契機 ＼ 訴訟の目的	司法権の行使に付随（付随審査制）	司法権の行使と独立（独立審査制）
主観的権利の保障	現在の違憲審査制	
客観的憲法秩序の維持（※要・特別の制度）	※例：最高裁に憲法裁判部を設けて下級審から移送する制度を作る場合	例：ドイツ 抽象的規範統制

して「違憲判断」がされているのである。「具体的な事件」と「憲法判断」とが別の位相にあることを、ここにも確認できよう。

裁判所が事後的に憲法判断するということは明治憲法下にはなかった考え方であり、違憲審査は市民社会で生起するような民事・刑事の紛争解決という、司法の昔からの任務とは性格が違うが、そのことも含めて憲法は、司法に関する第六章の中に、憲法判断をする権限(八一条)を入れているのである。

以上、右では司法の任務の中には、紛争解決と憲法判断という性質の異なるものが含まれており、後者の役割は、理屈の上で前者とは独立に論じることができることを見た。

実際のところ、付随審査制をとるアメリカ

でも、憲法上の争点を提起した者の個別具体的な事実関係が、単なる憲法判断のきっかけという扱いをされることは、しばしば起こっている。特に公法の領域や統治機構に関わる訴訟で、訴訟の入り口では「具体性」が要求されながら、本案では訴訟を提起した人をめぐる具体的状況へ言及のないまま、きわめて抽象的な判断がされる例が多いことも指摘されている。アメリカのような付随審査制でも、運用のなかで紛争解決とともに憲法秩序が保障されるようになっているのである。

また、たとえばドイツでも個人の権利保障が図られるようになっており、付随審査制と独立審査制の両モデルは、運用される中で豊かな展開を遂げ、各国の制度は機能が似通ってきているといわれる。

日本の違憲審査は、少し前までは、どちらの展開からも取り残されているといわれてきた。憲法秩序維持機能が裁判所の仕事の一つであるという認識は、学説でも広く共有されているが、現在でもなお、どうやってそれが行われるのか、どの程度で行われるべきか、といったことについて、学説が一致しているわけではない。

先に見たように「具体的な事件」と「憲法判断」が分離できるからといって、具体的な事件を無視して裁判所が憲法判断できるなどとは、もちろん考えられてはいない。むやみやたらに口出しするのがよいものではない。違憲審査は、裁判所が他の権力の統制を図るものであり、どんな問題であっても司法権が判断できるというのでは、権力間のバランスが崩れてしまう。私たちが選挙で選んだ国会議員の行為について、最高裁大法廷でさえも一五人の、しかも選挙で選ばれていない裁判官が憲法適合性を判断することには、一般論としていえば、謙抑的であって当然である。

また、たとえば裁判所が法律を違憲としたところで、それを修正する立法権を持っているのは、国会である。国会は、国民の支持が得られないと考えれば、立法には動かない。だから、しかるべき時に、しかるべき判断をすることが、重要である。

このことは、裁判所、特に最高裁は、統治機関の一つとしてよく注意を払っているところであって、国民の支持が得られるかどうかを、見定めていると観察することができる。

そして裁判所は、憲法保障機能をはたすことについて、以前よりも積極的になっているようにも見える。それは一人一票訴訟での積極的な姿勢に典型的に現れていることだろう。

以下では、最近出された違憲判決も用いながら、立法行為・立法不作為をめぐる国家賠償請求訴訟の展開に注目する。

立法行為と国家賠償請求訴訟

憲法秩序の維持機能と裁判所という観点より見ると、「国家賠償請求訴訟」を使った憲法訴訟で、興味深い展開が見られる。

国家賠償請求訴訟とは、「公務員の不法行為により、損害を受けたときは、法律の定めるところにより、国又は公共団体に、その賠償を求めることができる」という憲法一七条の保障する国家賠償請求権を具体化した訴訟形式である。国家賠償法(国賠法)一条は、「国又は公共団体の公権力の行使に当る公務員が、その職務を行うについて、故意又は過失によつて違法に他人に損害を加えたときは、国又は公共団体が、これを賠償する責に任ずる」と定めている。この「違法」性の前提として、「違憲」性を争うことができるため、憲法訴訟の受け皿として活用されてきた。

しかし、憲法訴訟で、「金銭賠償をせよ」という主張をすることは、多くの場合、次善の救済に止まったり、名目的な救済であったりすることにも、留意しておきたい。金銭賠償という救済手段は、損害が生じてしまった後にその損害を塡補するものだからである。アメリカの場合、憲法訴訟で差止め(インジャンクション)や宣言判決が求められることが多いが、裁判所に違憲の行為の差止めを求めて損害の発生を防ぐことや、違憲を確認してもらって立法を促す方が直接的であるといえる。
たとえば、選挙権の救済を求めるにあたって金銭賠償を請求することの不適当性は、在外邦人選挙権訴訟の最高裁大法廷判決（二〇〇五年九月一四日）の泉徳治裁判官反対意見でも、次のように述べられている。

「上告人らの上記精神的苦痛は国家賠償法による金銭賠償になじまないので、本件選挙当時の公職選挙法の合憲・違憲について判断するまでもなく、上告人らの国家賠償請求は理由がないものとして棄却すべきであると考える」。そもそも「本件国家賠償請求は、金銭賠償を得ることを本来の目的とするものではなく」、国家賠償請求は「選挙権回復の方法としては迂遠」である。選挙権が行使できなかったことによる「上告人らの精神的苦痛は、金銭で評価することが困難」である。

確かに、選挙権の救済に金銭賠償が認められても、事後的な救済であるため、現在及び将来の選挙権侵害の状況の是正に、直接には繋がらない。しかし金銭賠償は本来的目的である損害の塡補に限られなければならないものではなく、日本のように、憲法訴訟の受け皿として使える訴訟形式が限られる中では、使えるものは何でも使わざるをえない。実際に、違憲を問う一つの有効な方法として認められてきたからこそ、これだけ広く用いられているといえる。

そして、例外的な場合であれ、立法行為や立法不作為に国賠法が適用されることが認められるに至っていることに注意を払いたい。

なぜ例外的かといえば、国賠法は、精神的苦痛を金銭的に評価できるとして何らかの損害が認められる限り、訴訟を提起するための要件を充たしやすいという構造であるためである。もしすべての立法行為や立法不作為について、違憲・違法性を争う手段にもなりうるとしたら、立法府が司法府の監督下に置かれるのと同じになってしまう。

判例は、立法行為又は立法不作為が国家賠償法上違法となるかは、「国会議員の立法過程における行動が個々の国民に対して負う職務上の法的義務に違反したかどうかの問題であり、立法の内容の違憲性とは区別されるべきものである」(再婚禁止期間違憲判決)としている。

再婚禁止期間違憲判決では、違憲の立法の改正を怠ることの違法性について、次の判断枠組みが示された。立法内容の違憲は、立法行為の違法に直ちには結びつかないが、「法律の規定が憲法上保障され又は保護されている権利利益を合理的な理由なく制約するものとして憲法の規定に違反するものであることが明白であるにもかかわらず、国会が正当な理由なく長期にわたってその改廃等の立法措置を怠る場合などにおいては、国会議員の立法過程における行動が上記職務上の法的義務に違反したものとして、例外的に、その立法不作為は、国家賠償法一条一項の規定の適用上違法の評価を受けることがあるというべきである」。

そして、この事件について、民法七三三条一項のうち一〇〇日を超えて再婚禁止を定める部分が、二〇〇八年当時において、憲法一四条一項、二四条二項に違反すると判断されたのだが、驚くべきことに、国賠法上の違法性は否定された。

これまで違法性を否定する場合に憲法判断に踏み込むことは、通常の場合、回避されてきたものと思われる。たとえば同じ民法の規定について改廃しない立法不作為の違法性が争われた先例に、一九九五年一二月五日の最高裁判決があるが、これは国会が同条を改廃しないことが直ちに国賠法上違法となる例外的な場合に当たると解する余地がないとしていて、違法性を否定し、また憲法判断もされていなかった。

要するに再婚禁止期間違憲判決では、憲法判断を示すことに重点が置かれていたものといえる。憲法二四条が、旧民法にあった戸主の同意要件を廃して婚姻を当事者間の自由に任せたものであり、再婚禁止訴訟についていえば、民法が設けていた再婚禁止期間は、そのような重要な権利を直接制約するものであった。最高裁は、一〇〇日を超える部分について違憲判断をすることで、憲法秩序が正しく維持されるきっかけを作る役割を引き受けたと理解したい（そもそも再婚禁止規定の存在そのものが違憲なのではないかという問題は措く）。

そこで、再婚禁止期間違憲判決は、違法性を否定しながらも違憲判断を下したものであって、つまり「実質的な違憲確認訴訟」として機能したものと位置づけられよう。

最高裁が違憲と判断したことを踏まえ、内閣は二〇一六年三月八日に、女性の再婚禁止期間を離婚後六カ月から一〇〇日に短縮し、また離婚時に妊娠していなかった場合は一〇〇日以内でも再婚を可能にする民法改正案を閣議決定した。

なお再婚禁止期間違憲判決と同日に下された夫婦同氏訴訟最高裁判決（いわゆる「夫婦別姓訴訟」）でも、国賠法上の違法性を認めず、さらに民法七五〇条の憲法適合性についても判断した。もっとも、こちらは、憲法一三条、一四条一項、二四条に違反しないとの判断であった。

どんな事件もこのように憲法判断が引き出せるというわけではないが、司法府は統治機構の一部として負っている法秩序の維持という任務から、憲法判断を示さなくてはならない場合があるはずである。それが具体的にどのような場合かについては、これからの議論にかかっているが、最高裁は客観的法秩序の維持という役割を引き受けることに、本腰を入れ始めたようにも見えると理解しておきたい。

安保法制違憲訴訟

それでは、本書で見てきた安保関連法の整備をめぐる問題については、どうだろうか。「安保法制違憲訴訟の会」が二〇一五年九月に立ち上げられ、安保関連法施行後の二〇一六年四月に提訴された。今後、憲法秩序の維持をめぐる裁判所の役割をどう理解すべきか、一層厳しく問われることになるだろう。

軍隊という実力の統制方法は、諸外国の憲法ではまさに憲法自身に書き込まれている。これに対して、本書の理解によれば、日本では憲法が「軍の否定」という論理を据え、つまり「無」としながら、法律や慣行など諸施策が憲法との整合性を維持するという政府解釈のもとで「有」を作り出して、統制が図られてきた。しかしこのような論理による政策の限界づけや日本型文民統制など、従来のコントロール方法は、短期間のうちに次々に十分な説明なく壊されてきたのであって、この問題は他の憲法問題とは一線を画す性質をもっている。

二〇一五年の安保関連法制は、憲法九条の下では成立する余地のない、「一見極めて明白に違憲無効」の違憲の法律である。今回「成立」した法は、憲法改正のショートカットであり、本来は法律制定によりなしうる内容ではなく、また国会が自らの立法権をある意味で放棄するようなことをして、強行に成立させてしまった。

法が単なる「道具」のようになっている状態において、司法府には、統治機構の上で負っている憲法秩序の維持という任務から、一定の役割を果たすべきと考えられて然るべきなのではないか。少なくとも、市民から裁判所に、「憲法の番人」の任務を果たすべきであるとの声が上がるのは当然のことと思われる。

安倍首相も、砂川事件を念頭においての発言であるが「憲法との関係においては、まさに違憲立法かどうかということも含めて、最終的な判断は最高裁判所が行う、これは憲法にも書いてあることであります」（二〇一五年七月一五日・衆議院特別委員会）と述べている。

この言葉は、善意に解釈すれば、手続き的にも内容についても広く、また厳しい批判が寄せられた新安保法制について、「内閣としては合憲のものとして国会に提出し、法律となったが、最終的には最高裁に、法的正当性を判断してもらいたい」という立場を示しているようにも理解できる。

砂川事件最高裁判決

もっとも、「最終的な判断は最高裁判所が行う」（安倍首相）とは言われたものの、実際のところは「安保関連法について最高裁は判断しないだろう」と、たかをくくっているのであろう。

たとえば、集団的自衛権の行使容認を正当化するにあたって砂川判決を援用することに並々ならぬ強いこだわりを示す高村正彦自民党副総裁は、二〇一五年六月一一日の衆議院憲法審査会で次のようにのべている。

憲法の番人である最高裁判所が下した判決こそ、我々がよって立つべき法理であります。言いかえれば、この法理を超えた解釈はできないということであります。……砂川判決は、我が国の存立の基礎に極めて重大な関係を持つ高度の政治性を有するものについては、一見極めて明白に違憲無効でない限り、内閣及び国会の判断に従う、こうはっきり言っているわけであります。

安全保障について、実際に、どのような方針のもと、どのような政策をとり、それを具体化していくかは、内閣と国会の責任で取り進めていくものなのであります。

これは、砂川判決が、いわゆる統治行為論に立っているという理解の上で、「政治が決める事柄だ」と明言したものだろう。そこで砂川事件の統治行為論について目を転じよう。

砂川判決は、次のように議論を展開した。少し長くなるが、正確を期するため、引用する。

本件安全保障条約は、前述のごとく、主権国としてのわが国の存立の基礎に極めて重大な関係をもつ高度の政治性を有するものというべきであつて、その内容が違憲なりや否やの法的判断は、その条約を締結した内閣およびこれを承認した国会の高度の政治的ないし自由裁量的判断と表裏をなす点がすくなくない。それ故、右違憲なりや否やの法的判断は、純司法的機能をその使命とする司法裁判所の審査には、原則としてなじまない性質のものであり、従つて、一見極めて明白に違憲無効であると認められない限りは、裁判所の司法審査権の範囲外のものであつて、それは第一次的には、右条約の締結権を有する内閣およびこれに対して承認権を有する国会の判断に従うべく、終局的には、主権を有する国民の政治的批判に委ねらるべきものであると解するを相当とする。

この部分が、最高裁が統治行為論をとったとして、有名な箇所である。

しかし、純粋な統治行為論がとられるのだったら、司法府は判断を示さないはずであるから、ここで判示は終わるはずだが、さらにこの判決は、駐留米軍の合憲性に検討を進めたのだった。

アメリカ合衆国軍隊の駐留は、憲法九条、九八条二項および前文の趣旨に適合こそすれ、これらの条章に反して違憲無効であることが一見極めて明白であるとは、到底認められない。そしてこのことは、憲法九条二項が、自衛のための戦力の保持をも許さない趣旨のものであると否とにかかわらないのである。

砂川事件は、日本に独自の防衛力が構築されていない古い時代のものであり、また国内への米軍駐留の権利を与えた旧日米安保に基づく駐留米軍が論点だった。さらにこれについて、正面から合憲としないまでも、「適合こそすれ」と判断し、かつ「一見極めて明白に違憲であるとは、到底認められない」としている。要は実体判断に踏み込んで、合憲と言っているのである。しかもその理由は、「(駐留軍の)目的は、専らわが国およびわが国を含めた極東の平和と安全を維持し、再び戦争の惨禍が起らないようにすることに存し、わが国がその駐留を許容したのは、わが国の防衛力の不足を、平和を愛好する諸国民の公正と信義に信頼して補なおうとしたものに外ならないことが窺える」からなのである。

そして「一見極めて明白に違憲無効」と認められる場合には、裁判所の司法審査権の範囲に完全に入り、また「違憲」とする理論的可能性が述べられているのである。

一九九六年の沖縄代理署名訴訟最高裁大法廷判決(一九九六年八月二八日)は、「日米安全保障条約及び日米地位協定が違憲無効であることが一見極めて明白でない以上……」と述べており、これもまた、「一見極めて明白に違憲」である場合には、裁判所が自らの職務として憲法判断を正面からする、理論的可能性を残している。

そもそも、統治行為論なるものについては、学説でもかねてより「不要」という議論が有力に説かれてきたのであるし、今日さらにそのような議論が強まっている(宍戸常寿「統治行為論について」、『立憲平和主義と憲法理論』所収、など）。憲法学者である故・奥平康弘氏はかつて、「憲法解釈は、政治的な問題でありうる。しかし憲法規範は、この点をみこんだ上で八一条に体現されたように、憲法解釈機能をあげて裁判所にゆだねたのである」と説いた（「長沼控訴審判決と統治行為論」、「法律時報」四八巻一一号）。また、判例でも純粋な統治行為論をとったとされる判決は、苫米地事件（一九六〇年六月八日）一件のみであるとされ、その他、統治行為論「風」な議論がなされているのは、憲法九条絡みの訴訟に限られている。

それゆえ、あたかも統治行為論なる一般的な理論があるかのような言い方は、誤解を招くのである。必要なことは、事案の性質や経緯、諸機関の行動等に着目し、裁判所の任務や、裁判所に求められる行動を具体的に考えることである。

政治と裁判所と市民

「違憲立法かの最終的判断は最高裁判所が行う。憲法にも書いてある」という安倍首相の言葉は、司法府に対して「どうなるか、わかっていますよね」と恫喝しているようにも聞こえる。人事の問題である。

最高裁判所裁判官は内閣が任命し、最高裁判所の長たる裁判官の指名は内閣がする（任命は天皇)。そして、その任命に国会の関与はない。

二〇〇二年七月五日付の「最高裁判所裁判官の任命について」という文書によると、「最高裁裁判官の任命は、最高裁長官の意見を聞いたうえで、内閣として閣議決定する」、「最高裁長官に意見を聞くのは、最高裁の運営の実情を踏まえたものとなるよう人事の万全を期すため慣例として行っている」ことなどが述べられており、「以上について、内定後官房長官記者会見で、可能な範囲で選考過程、選考理由を明らかにする。なお、候補者を含め具体的な人選の過程は公表しない」とある(司法制度改革推進本部顧問会議(第五回)資料)。

このように日本では、運用において、最高裁判所裁判官の任命について、長官の意見は聞くものの、それは慣例にとどまり、選考についての透明性や国民への公開性は低くとどまっている。

アメリカの連邦最高裁判所のアントニン・スカリア裁判官が急逝し(二〇一六年二月一三日)、上院議員選挙や大統領選挙の行方と絡めて、大きな注目を集めている。アメリカ連邦最高裁の裁判官について、大統領が任命権を持つものの、議会上院の助言と承認を得る必要があり(連邦憲法二条二項二節)、毎回、裁判官候補の承認手続きが政治問題化している。アメリカのようなあり方が好ましいとはいわないが、では日本の裁判所のように中立性を装う政治的プレーヤーであるのが好ましいのかといえば、それもそうではなかろう。

これまで日本の裁判所は、司法が政治から介入を受けないという意味での「司法権の独立」に、大きな力を注いできた。先程から主張しているように、憲法秩序の維持のため、「しかるべき時にしかるべきことを判断する」というのは簡単だが、裁判所にとっては非常に難しい、大変な判断であることは、疑いを入れない。しかも事柄が、安保・外交政策に関わるのであるから、政治からの介入の危機を招くとして、これまでの判例の立場を踏まえれば消極的になることは予想される。

だが、司法権もまた政治権力であることは、そろそろ正面から認められるべきだろう。そして憲法八一条に明文で規定された司法審査権は裁判所の権限であり、裁判所に他権力の統制による憲法秩序維持の責務を負わせている。国防軍の創設や緊急権条項の新設に関して政権が意欲を示しており、現実味を帯びる現状で、裁判所が事後的に政治のなしたことの正しさのチェックをする必要性は高まるばかりである。動態的な憲法秩序の維持の一部としての役割を果たすことへ、期待が高まっているというべきであろう。

憲法秩序の維持に関わる憲法保障機能は、司法権が伝統的に任務としてきたことからすると、新しく、理論的に未知の領域を含む。そして、政治的にもセンシティブな問題である。しかし先に見た一〇〇日を超える再婚禁止期間についての違憲判決は、新たな裁判所像という観点からも示唆に富むものであった。社会的・政治的に重要な問題について、なにか新しい任務を引き受けつつあるのではないかと思わせるところがある。また、ちょっと前までは考えられなかったことであるが、今は何しろ、稼働中の原発について運転停止の仮処分が認められるということも起こりうる時代なのである(大津地裁、二〇一六年三月九日)。

最後に、市民とこの問題との関係について述べておきたい。

裁判所の判断に関係諸機関が従うかどうかは、その判断がどれだけ説得力を持っているかにかかっている。それは、論理的な整合性の問題でもあり、そしてまた、市民の支持を受けるものであるかどうかという問題でもある。後者について、再度強調したい。

他の権力の統制という、司法権の自律にとって大きな影響が予想されることにどれくらい正面から取り組めるかは、いくら論理の上で正しくても、市民の支えなくしては難しい。市民の支持を得られないとすれば、憲法判断に踏み込むリスクは冒さない。

「こういう問題は、政治部門が判断することで、裁判所が口を出す事柄ではない」という向きも強いだろう。でも、「こういう問題」の一つとしてよい問題なのか。憲法の下で行われるはずの政治に、なぜこんなことが、できてしまったのか。正しい政治のあり方なのか。司法的判断を求めるのは、そういう問いかけをする道筋の一つでもある。

立憲主義そしてデモクラシーが機能するには、「何かおかしい」と声を上げる方法が、複数あってしかるべきであり、憲法にも関連する様々な権利が謳われている。たとえば、ブログに書いたり、デモをしたり、集会をしたりといった表現の自由の行使（二一条）、請願権の行使（一六条）、選挙で一票を投じることや、立候補すること（一五条）、そして裁判所に憲法八一条によって付与された権限を適切に行使するよう求めること。

最後のルートには法理論的な困難が大きいと、特に法律家から指摘されているが、市民はそのような議論からは自由に、「正しいこと」を求めうる。また、最高裁は憲法八一条により憲法判断について最終的な責務を負っており、この責務について裁判官がどのような理解をしているのかは、最高裁裁判官の国民審査（憲法七九条二項）をする際には、重要な情報であることも強調しておきたい。裁判所が憲法保障機能をきちんと果たしているかどうかは、私たちにとって重要な関心事である。

政治と法との関係は、行きつ戻りつもしながら、いい習律を積み重ねる努力をして、作り上げるものである。国民はその重要なアクターなのである。

少しでも日本で良い政治が行われるよう政治に参加し、また国会に対して、裁判所に対して、そして法に関わる専門家に対して、法秩序を維持する上でのそれぞれの職責を果たすよう、市民として求めてゆきたい。

おわりに

あきらめない

二〇一六年二月二七、二八日に行われた共同通信の世論調査に対してコメントを求められたことから、調査結果の詳細に接する機会を持った。クロス集計など、幾つかのデータをもとに、いま現在の世論について考えてみたい。もとより、統計学的な正確性を称するものではない。

「参院選に向けて各政党の間で憲法をめぐる論議が活発になっています。あなたは憲法問題に関心がありますか」という問いに、「あまり関心がない」と「関心がない」という回答が、合わせて二三・九%を占めた。

これらの「関心がない」人について、別の問いである「あなたは憲法を改正する必要があると思いますか」へ、「必要がある」と答えたのが四五・一%、「必要がない」と答えた人が四一・五%と、拮抗していた。とすると、改正機運を盛り上げようということを考えるときに、最も効果的なのは、右の「憲法問題に関心がない」層に働きかけることだろう。「憲法問題に関心がある」人たちは、憲法改正についてもたいがい予め意見を持っているであろうからである。

興味を惹かれるのは、この「憲法問題に関心がない」集団は、「憲法改正は必要か」と問われた場合は、右に見たように、改正してもしなくてもよいと考えているようであるが、「あなたは憲法九条を改正する必要があると思いますか」と問われると、憲法改正一般とは異なった回答をしている点である。「九条改正の必要がある」という人が、二六・九％であるのに対し、「必要がない」という人がなんと六三・〇％なのである。改正一般とは、二一・五ポイントもの違いがある。日本国民にとって憲法九条は、依然としてなにか特別な条文なのだろう。九条改正が容易ではないことが、ここにも窺われる。

また、「安倍晋三首相は夏の参院選で、憲法改正の発議に必要な三分の二の議席確保を目指す考えを示しています。あなたは、参院選の結果を受けて参院がどうなるのがよいと思いますか」という質問に対して、安倍内閣を支持するという人の中でも、改正に賛成する議員が三分の二に達しないことを望む人が、二九・八％もおり、全体では四七・一％という数字になっている。

つまり、「改憲機運」がいろいろなルートを使いながら醸成されつつあるものの、国民は簡単には同調しておらず、強引な、理屈を通さない政治の運営を前に、〝ためらい〟があるという状態と理解できるのではないか。そして、それはどういう方向にも動く可能性もあるのであって、政権はよくこの状態を見ている。

そういうなかで、私たちにどういうことが求められるだろうか。

武力を行使して「殴る側」に加わっていることを深く自覚しなくてはなるまい。そしてPKO活動等で、仮に亡くなる人が出た時に、日本社会は受け止めるだけの覚悟をしているのか。仮に準備ができておらず、受け止められないとしたら、どういう法改正が待っているか、考えておかなければならない。

集団的自衛権の行使や後方支援を十分な形で行うには(効果的に殴れるようにするためには、そして殴り返された時にさらに殴り続けるためには)、これからも、もっと多くの法「改正」が必要であることも確認したい。これで一旦終わり、ではない。始まりである。

機能していた「憲法」を正当な理由なく政治が、数年の間に、無理やりに乗り越えてゆくさまを見た。しかし「政治はどうせ無理を通すものだから」と諦めてしまうのは間違いである。「できないことがある」というルールを破っても仕方ないという共通の了解ができたら、自由や人権の存立する余地は、なくなってしまう。権力はしかるべき手続きに従って、正しい内容で行使されなければならない。明治憲法下で、誰も権力に最終的な責任を負わない構造のなかで軍部の暴走を許し、多くの犠牲を払ったのであり、権力がコントロールされることの必要性を私たちは身をもって学んだというべきである。

法を乗り越える際の道具として使われるのもまた、法律であったり、法の論理だったりする。法と政治の関係は大きく変化している。政治から一定の距離を置いて完結した法の自律的な世界があるという静態的な理解が取られることがあったが、より動態的な理解をするよう迫られていよう。そうなると、統治機構にあっては、裁判所の果たす役割が重要になるはずだ。裁判所が、権力の統制という任務に真正面から向き合うようになるかどうかは、市民が裁判所の背中を押し、支えることができるかがポイントになることを、もう一度、強調したい。


本書では、安保・外交の領域を中心に見てきた。いったい強引に変更した政治の目的とは何だったかは、依然として明らかではない。しばしば言われたのは、新たな安保法制で「抑止力が高まり、国民の命と平和が守られる」ということだったが、法整備でなぜ「抑止力が高まる」のかは、不明なままだった。

このような大きな政策変更がなされるのは、軍事力を背景にした「外交力」のためだったのかもしれないし、同時に「見捨てられ」の回避ということだったのかもしれない。あるいは、

「この憲法」への違和感も駆動力になっているのかもしれない。なぜ、何のために変えるのか。どういう国にしたいのかを為政者がきちんと議論することを、引き続き、求めていかなくてはならない。

本書が主題として扱った平和の問題は、国家の統治の背景にある実力の適切なコントロールという問題と不可分である。これに失敗してしまうと、統治権に服する国民の自由、そして実力組織の内部における自由は危機に瀕することになる。実力統制の方法として「論理」を強調してきたが、それがほどけつつあるいま、統制の仕組みは文民統制にとどまらず、統治権力の全体構造で考えなくてはならないだろう。これは、自民党の改憲草案に決定的に欠ける点であるがゆえに、私たち市民は敏感でなければいけない問題である。そして法を支える価値にコミットしつづけられるかが問われている。

沖縄

最後に。

本書では日本国憲法の平和主義に焦点を当てながら、憲法と政治の関係の断面を捉えようとした。

これまでの叙述で欠けていることがある。「沖縄」である。本書で描いてきた日本の平和主義が、沖縄の犠牲の上にあることは、承知している。筆者には、日本国憲法の平和主義の「具体化」の話の中に、理屈を立てて沖縄を位置づけることはできなかった。

これまでも沖縄の米軍基地は、さまざまの理由がつけられながら、九条の規律の及ばない例外として存在してきた。返還された後、日本国憲法が沖縄県に及んできたものといえるのか、残念ながら事態は悪化する一方である。

全国の米軍専用施設の七三・八％が沖縄に集中している。戦後すぐは三〇％だったが、反基地運動等の影響もあり、沖縄に次々に移された。普天間がなくなっても〇・四％しか減らない。米軍の普天間飛行場移設に伴う辺野古新基地建設問題は、様々の矛盾をあぶり出している。

民主党政権時代に、鳩山由紀夫首相(当時)が、普天間飛行場の移設について「最低でも県外」といっていたのが実現せず「迷走の原因」と批判されてきた。鳩山氏は、「回転翼航空部隊の拠点と同部隊が恒常的に訓練を行うための拠点との間に関する基準」として、米軍のマニュアルに「六五海里」以内と書いてあると役人から説明を受け、それが県外移設を断念させた理由となったが、後にそのようなマニュアルは存在していないことがわかったと述べている(二〇一六年二月四日、日本プレスセンターでの講演)。たしかに二〇一〇年四月二一日配信の時事通信記事には、米側が六五海里基準を求めているとｐ「政府高官が……明らかにした」とある。しかし、二〇一六年の時点で、「朝日新聞」の取材に、在日米軍司令部は「そのような基準はない」と回答したという（二〇一六年二月二三日）。仮に時の首相が県外移設の断念の根拠とした文書が、もし虚偽であったとしたら、とうてい許されるものではない。しかしこの問題は、政権を揺るがす大問題にはなっていない。

辺野古新基地建設に対して、米軍キャンプ・シュワブ前で抗議する人たちの座り込みが続いており、さらに目下、辺野古新基地建設問題は、沖縄県と日本政府との間では、訴訟という手段も用いながら、かつてない規模の争いとなっていて、沖縄独立が現実味を帯びてきつつあることも指摘されている。

なぜ東京では新聞報道もあまりされないのか。「同じ日本国民である」と包摂しているようにみえて、その実は排除しているにほかならないのではないか。

実は、広く知られてはいないが、国連の人種差別撤廃委員会は、二〇一〇年に、米軍基地集中を「現代的な形の人種差別」と認定している。二〇〇八年に、国連B規約委員会は日本政府に対し、アイヌ民族及び琉球民族を、国内立法下において先住民と公的に認め、文化遺産や伝統生活様式の保護促進を講ずること」との勧告を行った（「沖縄タイムス」二〇〇八年一一月一日など）。そして、二〇一四年八月二九日には、国連の人種差別撤廃委員会が、日本政府に対して、沖縄の人々は「先住民」であるとして、その権利を保護するよう勧告する「最終見解」を示したのであった。

私たちはこのことをどう理解したらよいのだろうか。このまま包摂的排除が常態化することは、もはや許されるものではなかろう。沖縄への共感が広がらないなかで、「人種差別」という指摘は非常に重い。日本が「平和国家」であることの意味が、根源的に問われている。

そもそも、実力の統制を論理で行うということを、沖縄に目を瞑ったまま、できるのか。論理による実力の統制に穴があいてしまったいま、「憲法から自由な政治を許さない」として、私たちは権力の統制の問題に向き合わなくてはならないのではないか。

あとがき

本書では、「憲法と政治」をテーマに、平和の問題を実力の統制という観点から考えた。政治が憲法を乗り越えんとするかのような「いま」を切り取ろうとしたものである。

二〇一四年七月一日の集団的自衛権を行使容認する閣議決定以後、政治と憲法の関係や、国家のもつ実力の統制の問題は、これまでとはまったく違う局面に至っている。私たちはそのことを意識しながら、必要に応じて新たな議論を切り拓いてゆかなければならないと考える。

本書校正の最中、四月一四日から熊本を中心にして九州地方を大地震が襲い、余震が二週間をこえてなお続いている。被災された皆様にお見舞い申し上げ、またお亡くなりになられた方々へ心よりの哀悼の意を表したい。

自衛隊の統合任務部隊が編成され、米軍の支援受け入れも決定された。気象庁の地震津波監視課長が記者会見で、熊本から阿蘇、そして大分へと拡大する地震について、「広域的に続けて起きるようなことは思い浮かばない」、「今後の活動の推移は、少し分からないことがある」

と述べている(四月一六日)。つまり気象庁の想定も超える地震活動が起こっているといえようが、執筆時点で原子力発電所は運転停止となっていない。

そのようななか、熊本地震に関連させる形で、「(憲法改正による緊急事態条項の新設は)極めて重く大切な課題だ」との菅義偉官房長官の発言もなされている(一五日・記者会見)。

しかし、現在ある法制度や、新たな法律の制定によって対応できない事態というのは、現実には極めて限られていることに、改めて注意を喚起したい。災害に便乗し、政治の失敗や怠慢を憲法問題にすり替えて、国のあり方の根本を変えるということがあってはならない。私たちが直面しているのは、「憲法で政治を縛る」という立憲主義のコアにある課題である。

弁護士・寺井一弘先生には本書執筆を強くお勧めいただき、また本書がなるにあたっては、岩波書店・柿原寛さん、十時由紀子さん、伊藤耕太郎さんに、万端のお力添えを頂いた。ここに記し、心より厚く御礼申し上げたい。

二〇一六年四月

青井未帆

参考文献

本書で扱った集団的自衛権や安保法整備に関する問題について理解を深めるための書物として、たとえば次のようなものがある。

奥平康弘・山口二郎編『集団的自衛権の何が問題か　解釈改憲批判』(岩波書店、二〇一四年)
豊下楢彦・古関彰一『集団的自衛権と安全保障』(岩波新書、二〇一四年)
長谷部恭男編『検証・安保法案　どこが憲法違反か』(有斐閣、二〇一五年)
長谷部恭男・杉田敦編『安保法制の何が問題か』(岩波書店、二〇一五年)
水島朝穂『ライブ講義　徹底分析！　集団的自衛権』(岩波書店、二〇一五年)
森英樹編『集団的自衛権行使容認とその先にあるもの』(「別冊法学セミナー」日本評論社、二〇一五年)
森英樹編『安保関連法総批判――憲法学からの「平和安全」法制分析』(「別冊法学セミナー」日本評論社、二〇一五年)

改憲問題について、次を挙げておきたい。

愛敬浩二『改憲問題』（ちくま新書、二〇〇六年）
奥平康弘・愛敬浩二・青井未帆編『改憲の何が問題か』（岩波書店、二〇一三年）
樋口陽一『いま、「憲法改正」をどう考えるか――「戦後日本」を「保守」することの意味』（岩波書店、二〇一三年）
青井未帆『憲法を守るのは誰か』（幻冬舎ルネッサンス新書、二〇一三年）

本書で示した筆者の議論は多くの先達の教えを受け、拙くはあるが、それを表現したものである。本書の人権論は、高橋和之先生のご論考から多くを学んでいる（『立憲主義と日本国憲法』など）。また、法解釈論については、長谷部恭男先生の『憲法の理性』（東京大学出版会）をはじめとするご著作に、多くを負っている。そして憲法九条論は、石川健治先生のご議論（「前衛への衝迫と正統からの離脱」、「憲法問題八号」〈一九九七年〉所収、など）から大きな影響を受けている。また憲法訴訟論について、戸松秀典先生の『憲法訴訟』（有斐閣）などから深い示唆を受けている。

青井未帆

1973 年生まれ．国際基督教大学教養学部社会科学科卒業．東京大学大学院法学政治学研究科修士課程修了，博士課程単位取得満期退学．信州大学経済学部准教授，成城大学法学部准教授などを経て，
現在 ― 学習院大学大学院法務研究科教授
専攻 ― 憲法学
著書 ―『国家安全保障基本法批判』(岩波ブックレット)，『憲法を守るのは誰か』(幻冬舎)，『改憲の何が問題か』(共著，岩波書店)，『憲法学の現代的論点』(共著，有斐閣)，『論点 日本国憲法 ―― 憲法を学ぶための基礎知識』(共著，東京法令出版) など

憲法と政治　　岩波新書(新赤版)1606

2016 年 5 月 20 日　第 1 刷発行
2024 年 1 月 25 日　第 3 刷発行

著　者　青井未帆《あおいみほ》

発行者　坂本政謙

発行所　株式会社 岩波書店
〒101-8002 東京都千代田区一ツ橋 2-5-5
案内 03-5210-4000　営業部 03-5210-4111
https://www.iwanami.co.jp/

新書編集部 03-5210-4054
https://www.iwanami.co.jp/sin/

印刷・精興社　カバー・半七印刷　製本・中永製本

ISBN 978-4-00-431606-0　　Printed in Japan

岩波新書新赤版一〇〇〇点に際して

ひとつの時代が終わったと言われて久しい。だが、その先にいかなる時代を展望するのか、私たちはその輪郭すら描きえていない。二〇世紀から持ち越した課題の多くは、未だ解決の緒を見つけることのできないままであり、二一世紀が新たに招きよせた問題も少なくない。グローバル資本主義の浸透、憎悪の連鎖、暴力の応酬――世界は混沌として深い不安の只中にある。

現代社会においては変化が常態となり、速さと新しさに絶対的な価値が与えられた。消費社会の深化と情報技術の革命は、種々の境界を無くし、人々の生活やコミュニケーションの様式を根底から変容させてきた。ライフスタイルは多様化し、一面では個人の生き方をそれぞれが選びとる時代が始まっている。同時に、新たな格差が生まれ、様々な次元での亀裂や分断が深まっている。社会や歴史に対する意識が揺らぎ、普遍的な理念に対する根本的な懐疑や、現実を変えることへの無力感がひそかに根を張りつつある。そして生きることに誰もが困難を覚える時代が到来している。

しかし、日常生活のそれぞれの場で、自由と民主主義を獲得し実践することを通じて、私たち自身がそうした閉塞を乗り超え、希望の時代の幕開けを告げてゆくことは不可能ではあるまい。そのために、いま求められていること――それは、個と個の間で開かれた対話を積み重ねながら、人間らしく生きることの条件について一人ひとりが粘り強く思考することではないか。その営みの糧となるものが、教養に外ならないと私たちは考える。歴史とは何か、よく生きるとはいかなることか、世界そして人間はどこへ向かうべきなのか――こうした根源的な問いとの格闘が、文化と知の厚みを作り出し、個人と社会を支える基盤としての教養となった。まさにそのような教養への道案内こそ、岩波新書が創刊以来、追求してきたことである。

岩波新書は、日中戦争下の一九三八年一一月に赤版として創刊された。創刊の辞は、道義の精神に則らない日本の行動を憂慮し、批判的精神と良心的行動の欠如を戒めつつ、現代人の現代的教養を刊行の目的とする、と謳っている。以後、青版、黄版、新赤版と装いを改めながら、合計二五〇〇点余りを世に問うてきた。そして、いままた新赤版が一〇〇〇点を迎えたのを機に、人間の理性と良心への信頼を再確認し、それに裏打ちされた文化を培っていく決意を込めて、新しい装丁のもとに再出発したいと思う。一冊一冊から吹き出す新風が一人でも多くの読者の許に届くこと、そして希望ある時代への想像力を豊かにかき立てることを切に願う。

（二〇〇六年四月）

岩波新書より

経済

新・金融政策入門	湯本雅士
アフター・アベノミクス	軽部謙介
応援消費	水越康介
人の心に働きかける経済政策	翁邦雄
金融サービスの未来	新保恵志
日本経済図説〔第五版〕	宮崎勇・本庄真・田谷禎三
好循環のまちづくり！	枝廣淳子
グローバル・タックス	諸富徹
世界経済図説〔第四版〕	宮崎勇・田谷禎三
日本経済30年史 バブルからアベノミクスまで	山家悠紀夫
行動経済学の使い方	大竹文雄
日本のマクロ経済政策	熊倉正修
ゲーム理論入門の入門	鎌田雄一郎
平成経済 衰退の本質	金子勝
幸福の増税論	井手英策
日本の税金〔第3版〕	三木義一
戦争体験と経営者	立石泰則
金融政策に未来はあるか	岩村充
データサイエンス入門	竹村彰通
経済数学入門の入門	田中久稔
地元経済を創りなおす	枝廣淳子
会計学の誕生◆	渡邉泉
偽りの経済政策	服部茂幸
ミクロ経済学入門の入門	坂井豊貴
経済学のすすめ	佐和隆光
ガルブレイス	伊東光晴
ユーロ危機とギリシャ反乱	田中素香
ポスト資本主義 科学・人間・社会の未来	広井良典
日本の納税者◆	三木義一
タックス・イーター	志賀櫻
コーポレート・ガバナンス◆	花崎正晴
グローバル経済史入門	杉山伸也
アベノミクスの終焉◆	服部茂幸
新・世界経済入門	西川潤
金融政策入門◆	湯本雅士
新自由主義の帰結◆	服部茂幸
タックス・ヘイブン	志賀櫻
WTO 貿易自由化を超えて◆	中川淳司
日本財政 転換の指針◆	井手英策
成熟社会の経済学	小野善康
平成不況の本質	大瀧雅之
原発のコスト◆	大島堅一
次世代インターネットの経済学	依田高典
ユーロ 危機の中の統一通貨	田中素香
「分かち合い」の経済学	神野直彦
グリーン資本主義	佐和隆光
国際金融入門〔新版〕	岩田規久男
ビジネス・インサイト◆	石井淳蔵
金融商品とどうつき合うか	新保恵志
地域再生の条件	本間義人
経済データの読み方〔新版〕	鈴木正俊

(2023. 7)　◆は品切，電子書籍版あり．(C1)

岩波新書より

政治

さらば、男性政治　三浦まり
日米地位協定の現場を行く　山本章子・宮城裕也
職業としての官僚　嶋田博子
学問と政治　学術会議任命拒否問題とは何か　芦名定道・宇野重規・岡田正則・小沢隆一・加藤陽子・松宮孝明
検証　政治改革　なぜ劣化を招いたのか　川上高志
政治責任　民主主義とのつき合い方　鵜飼健史
人権と国家　筒井清輝
「オピニオン」の政治思想史　堤林剣・堤林恵
戦後政治史〔第四版〕　石川真澄・山口二郎
尊厳　マイケル・ローゼン　内尾太一・峯陽一訳
デモクラシーの整理法　空井護
地方の論理　小磯修二

SDGs　南博・稲場雅紀
暴君　スティーブン・グリーンブラット　河合祥一郎訳
ドキュメント 強権の経済政策　軽部謙介
リベラル・デモクラシーの現在　樋口陽一
民主主義は終わるのか　山口二郎
女性のいない民主主義　前田健太郎
平成の終焉　原武史
日米安保体制史　吉次公介
官僚たちのアベノミクス　軽部謙介
在日米軍　変貌する日米安保体制　梅林宏道
矢内原忠雄　戦争と知識人の使命　赤江達也
憲法改正とは何だろうか　高見勝利
共生保障〈支え合い〉の戦略　宮本太郎
シルバー・デモクラシー　戦後世代の覚悟と責任◆　寺島実郎
憲法と政治　青井未帆
18歳からの民主主義◆　岩波新書編集部編

検証 安倍イズム　柿崎明二
右傾化する日本政治　中野晃一
外交ドキュメント 歴史認識◆　服部龍二
日米〈核〉同盟　原爆、核の傘、フクシマ　太田昌克
集団的自衛権と安全保障　豊下楢彦・古関彰一
日本は戦争をするのか　半田滋
アジア力の世紀　進藤榮一
民族紛争　月村太郎
政治的思考　杉田敦
現代日本の政党デモクラシー　中北浩爾
サイバー時代の戦争◆　谷口長世
現代中国の政治◆　唐亮
政権交代とは何だったのか◆　山口二郎
日本の国会　大山礼子
戦後政治史〔第三版〕　石川真澄・山口二郎
〈私〉時代のデモクラシー　宇野重規
大臣〔増補版〕　菅直人

岩波新書より

(2023.7)　◆は品切，電子書籍版あり．　(A2)

社会

- 女性不況サバイバル　竹信三恵子
- パリの音楽サロン　青柳いづみこ
- 持続可能な発展の話　宮永健太郎
- 皮革とブランド　変化するファッション倫理　西村祐子
- 動物がくれる力　教育、福祉、そして人生　大塚敦子
- 政治と宗教　島薗進編
- 超デジタル世界　西垣通
- 現代カタストロフ論　金子勝　児玉龍彦
- 「移民国家」としての日本　宮島喬
- 迫りくる核リスク　〈核抑止〉を解体する　吉田文彦
- 記者がひもとく「少年」事件史　川名壮志
- 中国のデジタルイノベーション　小池政就
- これからの住まい　川崎直宏
- 検察審査会　デイビッド・T・ジョンソン　平山真理　福来寛
- ドキュメント〈アメリカ世〉の沖縄　宮城修
- 東京大空襲の戦後史　栗原俊雄
- 土地は誰のものか　五十嵐敬喜
- 民俗学入門　菊地暁
- 企業と経済を読み解く小説50　佐高信
- 視覚化する味覚　久野愛
- ロボットと人間　人とは何か　石黒浩
- ジョブ型雇用社会とは何か　濱口桂一郎
- 法医学者の使命　「人の死を生かす」ために　吉田謙一
- 異文化コミュニケーション学　鳥飼玖美子
- モダン語の世界へ　山室信一
- 時代を撃つノンフィクション100　佐高信
- 労働組合とは何か　木下武男
- プライバシーという権利　宮下紘
- 地域衰退　宮﨑雅人
- 江戸問答　田中優子　松岡正剛
- 広島平和記念資料館は問いかける　志賀賢治
- コロナ後の世界を生きる　村上陽一郎編
- リスクの正体　神里達博
- 紫外線の社会史　金凡性
- 「勤労青年」の教養文化史　福間良明
- 5G　次世代移動通信規格の可能性　森川博之
- 客室乗務員の誕生　山口誠
- 「孤独な育児」のない社会へ　榊原智子
- 放送の自由　川端和治
- 社会保障再考　〈地域〉で支える　菊池馨実
- 生きのびるマンション　山岡淳一郎
- 虐待死　なぜ起きるのか、どう防ぐか　川崎二三彦
- 平成時代◆　吉見俊哉
- バブル経済事件の深層　奥山俊宏　村山治
- 日本をどのような国にするか　丹羽宇一郎
- なぜ働き続けられない？　社会と自分の力学　鹿嶋敬
- 物流危機は終わらない　首藤若菜